PONS

FRANZÖSISCH im Handumdrehen

Tien Tamm

PONS GmbH
Stuttgart

Vorwort

Das Reisen in fremde, ferne Länder ist eine wunderbare, herrliche Sache. Auf einer Liste der schönsten Dinge für alle Menschen liegt das Reisen vermutlich weltweit auf einem der allerersten Plätze.

Aber vor jeder Reise in die Fremde liegt die Hürde einer neuen Fremdsprache. Vielen Menschen erscheint es als unüberwindbar sich auf das Lernen einer neuen Fremdsprache einzulassen. Dabei ist es nicht so schwer eine neue Sprache zu lernen und so neue Möglichkeiten zu erlangen.

Ganz egal, ob es dein Ziel ist, eine Urlaubswoche im zauberhaften Frankreich zu verbringen, ob du gerne mit einem Menschen aus Frankreich flirten möchtest oder du zum richtigen Zeitpunkt erkennst, dass ein anderer mit dir flirtet (wer weiß, vielleicht verpasst du in solch einem Augenblick gerade die Gelegenheit, deinen Traumprinzen oder deine Prinzessin fürs Leben zu finden), oder ob du einen kompletten Neustart in Frankreich planst, warte nicht damit den ersten Schritt auf diesem Weg zu gehen.

Lass dich nicht davon abhalten, deinem Herzenswunsch zu folgen. Wage dich und triff die Entscheidung, dich der französischen Sprache zu stellen.

Jetzt und sofort!

Sobald du deine Herzensentscheidung getroffen hast Französisch zu lernen, steht dir dieses Buch für den ersten Schritt zur Seite. Du brauchst nach diesem Entschluss nicht unbedingt sofort einen Sprachkurs zu belegen oder dich um die kompliziert wirkende Grammatik zu kümmern.

Jeder, der schon einmal eine Sprache erlernt hat und diese gut beherrscht, weiß, dass das Wichtigste, der allerschnellste und einfachste Weg, der Sprung ins kalte Wasser ist. Hast du erst einmal angefangen, läuft es wie von alleine.

Bereite dich nicht lange vor und springe, denn probieren geht über studieren.

Dieses Buch, mit seinen passenden Bildern, Illustrationen, Wortzusammenstellungen und wertvollen Sätzen hilft dir dabei. Bei den ersten Sprachhürden auf deiner Reise kannst du das passende Kapitel aufschlagen. Dort findest du die wichtigsten Sätze und Begriffe dazu.

Wenn es mit deiner Aussprache noch nicht hundertprozentig klappt, dann kannst du mit dem Zeigefinger auf das Bild oder den danebenstehenden Satz tippen und du wirst dich sofort verständlich machen können. So simpel und so schnell ist es, denn dieses Buch heißt:

Französisch im Handumdrehen.

Inhalt

Alltagssätze, Alltagsschätze

Les expressions courantes [lez‿ɛkspʀɛsjɔ̃ kurɑ̃t]

Begrüßung

Se saluer [sə salɥe]

Bonjour !	Bonsoir !	Salut !
[bɔ̃ʒuʀ]	[bɔ̃swaʀ]	[saly]
Guten Morgen! / Guten Tag!	Guten Abend!	Hallo!

Comment ça va ?

[kɔmɑ̃ sa va]

Wie geht's?

Ça va bien, merci.

[sa va bjɛ̃ mɛʀsi]

Gut, danke.

Oui.	Non.
[wi]	[nɔ̃]
Ja.	Nein.

Merci.	Merci beaucoup.	De rien.	Avec plaisir.
[mɛʀsi]	[mɛʀsi boku]	[də ʀjɛ̃]	[avɛk pleziʀ]
Danke.	Danke sehr.	Nichts zu danken.	Mit Vergnügen.

Je m'appelle … [ʒə mapɛl]	Ich heiße...
Comment vous appelez-vous ? [kɔmɑ̃ vuz‿apəle vu]	Wie heißen Sie?
Comment tu t'appelles ? [kɔmɑ̃ ty tapɛl]	Wie heißt du?
Enchanté / Enchantée. [ɑ̃ʃɑ̃te]	Sehr erfreut.
Je viens d'Allemagne. [ʒə vjɛ̃ dalmaɲ]	Ich komme aus Deutschland.
Je ne parle pas français. [ʒə nə paʀl pa fʀɑ̃sɛ]	Ich spreche kein Französisch.
Je parle un peu français. [ʒə paʀl ɛ̃ pø fʀɑ̃sɛ]	Ich spreche ein bisschen Französisch.
Est-ce que vous pouvez parler moins vite, s'il vous plaît ? [ɛs‿kə vu puve paʀle mwɛ̃ vit sil vu plɛ]	Sprechen Sie bitte langsamer.
Comment ça s'appelle en français ? [kɔmɑ̃ sa sapɛl ɑ̃ fʀɑ̃sɛ]	Wie heißt das auf Französisch?

Qu'est-ce que ça veut dire ? [kɛs‿kə sa vø diʀ]	Was bedeutet das?
Qu'est-ce que c'est ? [kɛs‿kə se]	Was ist das?
C'est quoi ? [se kwa]	Was ist das?
Pardon ! [paʀdɔ̃]	Verzeihung!
Je suis désolé(e). [ʒə sɥi dezɔle]	Es tut mir leid.
Aucun problème. [okɛ̃ pʀɔblɛm]	Kein Problem.
Pas de problème. [pad pʀɔblɛm]	Kein Problem.
Monsieur ... [məsjø]	Herr...
Madame ... [madam]	Frau...

Mademoiselle … [madmwazɛl]	Fräulein…
Où est … ? [u ɛ]	Wo ist…?
Je voudrais … [ʒə vudʀɛ]	Ich hätte gern…
Ça coûte combien ? [sa kut kɔ̃bjɛ̃]	Wie viel kostet das?
bien [bjɛ̃]	gut
très bien [tʀɛ bjɛ̃]	sehr gut
Ça me plaît. [sa mə plɛ]	Ich mag das.
Ça ne me plaît pas. [sa nə mə plɛ pa]	Ich mag das nicht.
Comme ci comme ça. [kɔm si kɔm sa]	So lala.

Magnifique ! [maɲifik]	Wunderbar!
Remarquable ! [ʀəmaʀkabl]	Hervorragend!
Merveilleux ! [mɛʀvɛjø]	Ausgezeichnet!
mauvais [mɔvɛ]	schlecht
beaucoup [boku]	viel
un peu [ɛ̃ pø]	ein bisschen
Un moment, s'il vous plaît. [ɛ̃ mɔmɑ̃ sil vu plɛ]	Einen Moment, bitte.
Un instant, s'il vous plaît. [ɛ‿nɛ̃stɑ̃ sil vu plɛ]	Einen Augenblick, bitte.
A bientôt. [a bjɛ̃to]	Bis bald.
A tout à l'heure. [a tut‿a lœʀ]	Bis später.

A demain. [a dəmɛ̃]	Bis morgen.
Au revoir. [o ʀəvwaʀ]	Auf Wiedersehen.
Qui ? [ki]	Wer?
Quoi ? [kwa]	Was?
Où ? [u]	Wo?
Où est ... ? [u ɛ]	Wo ist...?
Où sont ... ? [u sɔ̃]	Wo sind...?
Quand ? [kɑ̃]	Wann?
Pourquoi ? [puʀkwa]	Warum?
Comment ? [kɔmɑ̃]	Wie?
Combien ? [kɔ̃bjɛ̃]	Wie viel?

l'aéroport
[laeʀopɔʀ]

der Flughafen

Où est le contrôle de sécurité ?
[u ɛ lə kɔ̃tʀol de sekyʀite]

Wo ist die Sicherheitskontrolle?

L'AVION

[lavjɔ̃]

Excusez-moi, comment est-ce que je peux me rendre au centre-ville ?
[ɛkskyze mwa kɔmɑ̃ ɛs‿kə ʒə pø mə ʀɑ̃dʀ o sɑ̃tʀ vil]
Entschuldigung, wie komme ich zum Stadtzentrum?

Où est la gare ?
[u ɛ la gaʀ]
Wo ist der Bahnhof?

[sɔʀti]
Ausgang

Excusez-moi, où est la sortie ?

[ɛkskyze mwa u ɛ la sɔʀti]

Entschuldigung, wo ist der Ausgang?

Das Flugzeug

Où est l'arrêt de bus ?
[u ɛ laʀɛ də bys]
Wo ist die Bushaltestelle?

Où est-ce que je peux trouver un taxi ?
[u ɛs‿kə ʒə pø tʀuve ɛ̃ taksi]
Wo finde ich ein Taxi?

Où se trouve l'office du tourisme ?
[u sə tʀuv lɔfis dy tuʀism]
Wo ist die Touristeninformation?

Est-ce que le centre-ville est loin ?
[ɛs‿kə lə sɑ̃tʀəvil ɛ lwɛ̃]
Ist es weit bis zum Stadtzentrum?

Vous connaissez un hôtel bon marché ?
[vu kɔnɛsez ɛ̃ nɔtɛl bɔn maʀʃe]
Kennen Sie ein preiswertes Hotel?

Pouvez-vous me conduire à cette adresse ?
[puve vu mə kɔ̃dɥiʀ a sɛt‿adʀɛs]
Können Sie mich bitte zu dieser Adresse fahren?

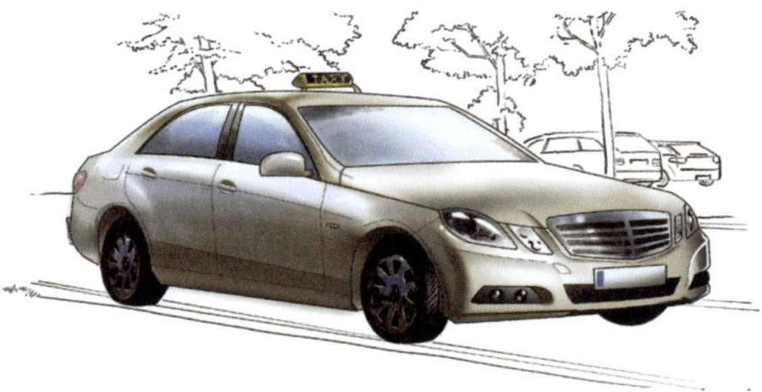

le taxi
[lə taksi]

das Taxi

Combien coûte la course ?

[kɔ̃bjɛ̃ kut la kuʀs]

Was kostet die Fahrt?

Est-ce que je peux payer par carte de crédit ?

[ɛs‿kə ʒə pø peje paʀ kaʀt də kʀedi]

Kann ich mit Kreditkarte bezahlen?

Pouvez-vous me dire quand je dois descendre, s'il vous plaît ?

[puve vu mə diʀ kɑ̃ ʒdwa desɑ̃dʀ sil vu plɛ]

Würden Sie mir bitte sagen, wann ich aussteigen muss?

Merci beaucoup pour votre aide.

[mɛʀsi boku puʀ vɔtʀ‿ɛd]

Vielen Dank für Ihre Hilfe.

le bus

[lə bys]

der Bus

le train

[lə tʀɛ̃]

der Zug

le métro

[lə metʀo]

die U-Bahn

le tram

[lə tʀam]

die Straßenbahn

le TGV

[lə tegeve]

der Hochgeschwindigkeitszug

le bateau

[lə bato]

das Schiff

Die Unterkunft

L'hébergement [lebɛʀʒəmɑ̃]

Est-ce que vous avez une chambre disponible ? [ɛs‿kə vuz‿ ave yn ʃɑ̃bʀ disponibl]	Haben Sie ein Zimmer frei?
Est-ce que je peux voir la chambre ? [ɛs‿kə ʒə pø vwaʀ la ʃɑ̃bʀ]	Könnte ich mir das Zimmer ansehen?
Ça coûte combien ? [sa kut kɔ̃bjɛ̃]	Wie viel kostet das?
Est-ce que le petit déjeuner est inclus ? [ɛs‿kə lə pəti deʒœne ɛ ɛ̃kly]	Ist das Frühstück inbegriffen?
J'ai réservé une chambre au nom de ... [ʒe ʀezɛʀve yn ʃɑ̃bʀ o nɔ̃ də]	Ich habe ein Zimmer auf den Namen... gebucht.
Voici ma carte d'identité. [vwasi ma kaʀt didɑ̃tite]	Hier ist mein Personalausweis.

Vous avez le wifi dans votre hôtel ? [vuz‿ave lə wifi dɑ̃ vɔtʀ‿ɔtɛl]	Gibt es WLAN in Ihrem Haus?
Est-ce qu'il y a un coffre-fort ? [ɛs‿kil‿ja ɛ̃ kɔfʀəfɔʀ]	Gibt es einen Safe ?
Quand est-ce que je dois libérer ma chambre ? [kɑ̃ ɛs‿kə ʒə dwa libeʀe ma ʃɑ̃bʀ]	Wann muss ich auschecken?
Est-ce que les réceptionnistes sont toujours disponibles ? [ɛs‿kə le ʀesɛpsjɔnist sɔ̃ tuʒuʀ dispɔnibl]	Ist Ihre Rezeption den ganzen Tag geöffnet?
Est-ce qu'il y a un restaurant dans cet hôtel ? [ɛs‿kil‿ja ɛ̃ ʀɛstɔʀɑ̃ dɑ̃ set‿ɔtɛl]	Haben Sie ein Restaurant im Haus?

Je voudrais une chambre pour ...

[ʒə vudʀɛ yn ʃɑ̃bʀ puʀ]

Ich hätte gern ein Zimmer für...

une personne.

[yn pɛʀsɔn]

eine Person.

deux personnes.

[dø pɛʀsɔn]

zwei Personen.

une famille.

[yn famij]

eine Familie.

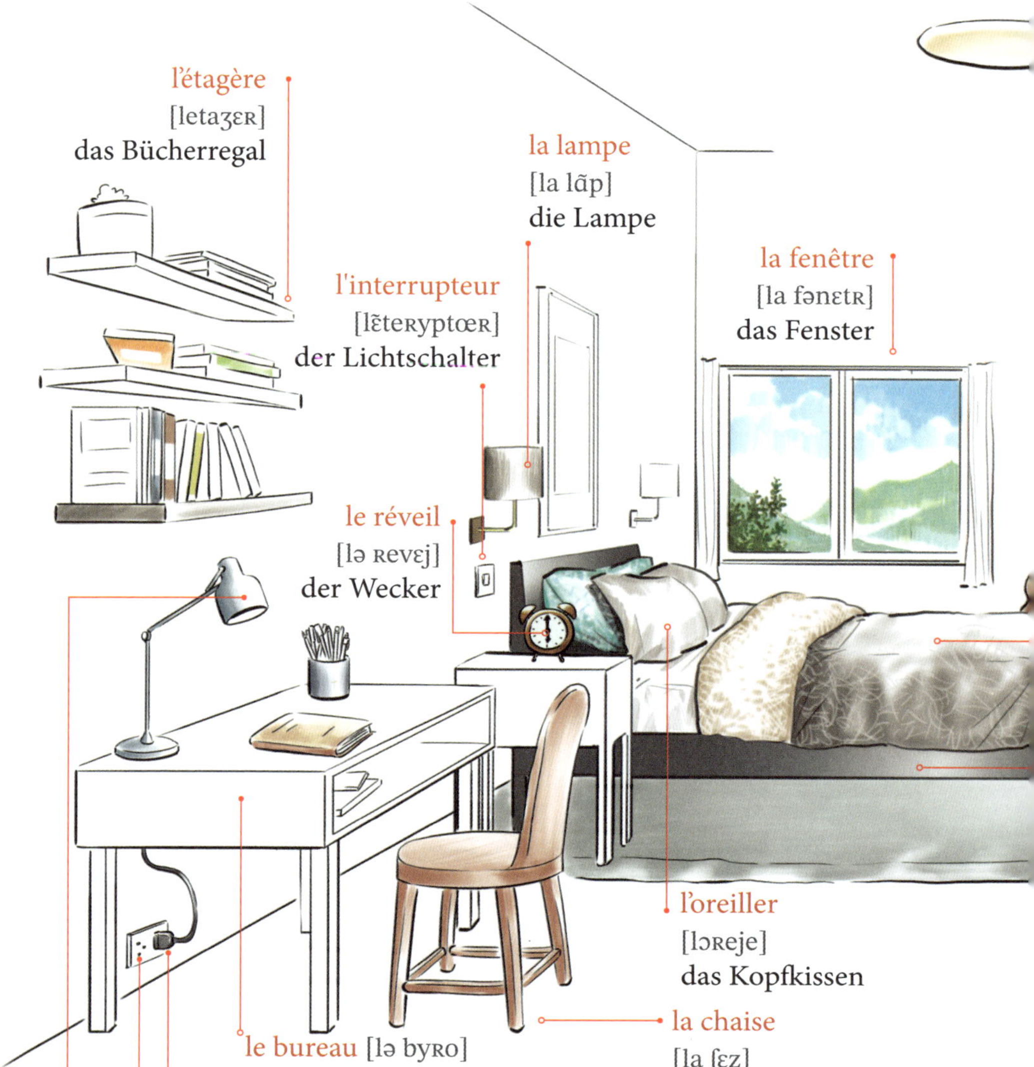
le plafond
[lə plafɔ̃]
die Decke
l'étagère
[letaʒɛʀ]
das Bücherregal
la lampe
[la lɑ̃p]
die Lampe
la fenêtre
[la fənɛtʀ]
das Fenster
l'interrupteur
[lɛ̃teʀyptœʀ]
der Lichtschalter
le réveil
[lə ʀevɛj]
der Wecker
l'oreiller
[lɔʀeje]
das Kopfkissen
la chaise
[la ʃɛz]
der Stuhl
le bureau [lə byʀo]
der Schreibtisch
la fiche
[la fiʃ]
der Stecker
la prise de courant
[la pʀiz də kuʀɑ̃]
die Steckdose
la lampe de bureau [la lɑ̃p də byʀo]
die Schreibtischlampe

Im Schlafzimmer

Dans la chambre [dɑ̃ la ʃɑ̃bʀ]

Im Badezimmer

Dans la salle de bains [dɑ̃ la sal də bɛ̃]

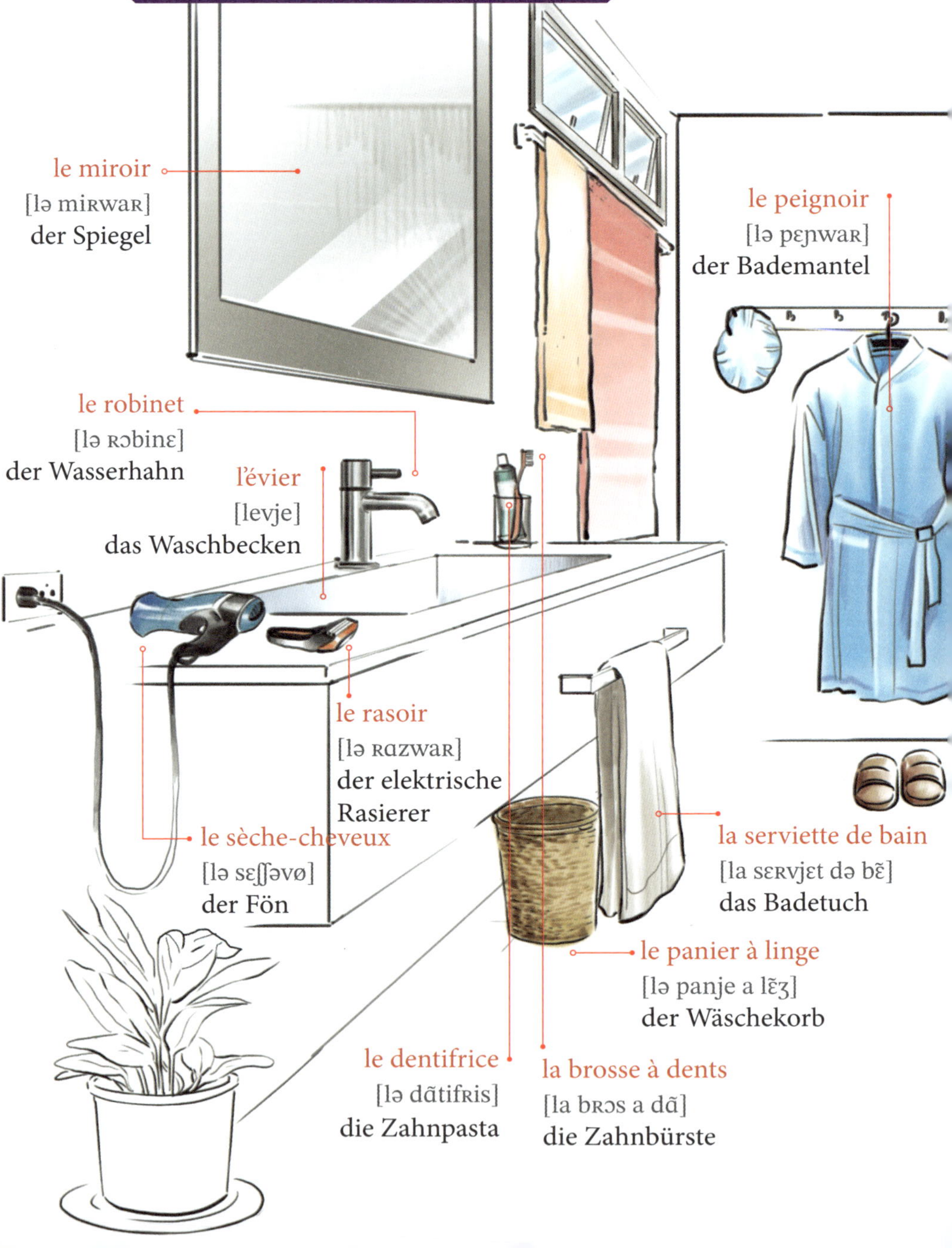

la douche
[la duʃ]
die Dusche
l'après-shampoing
[lapʀɛ ʃɑ̃pwɛ̃]
die Haarspülung
la chasse d'eau
[la ʃas d əay]
die Spülung
le gel douche
[lə ʒɛl duʃ]
das Duschgel
le shampoing
[lə ʃɑ̃pwɛ̃]
das Shampoo
les toilettes
[le twalɛt]
die Toilette
la brosse de toilette
[la bʀɔs d twalɛt]
die Klobürste
le savon
[lə savɔ̃]
die Seife
le papier hygiénique
[lə papje iʒjenik]
das Klopapier
le tuyau d'écoulement
[lə tɥijo d ekulmɑ̃]
der Abfluss
le tapis de bain
[lə tapi də bɛ]
die Bademattee
la baignoire
[la bɛɲwaʀ]
die Badewanne

Im Wohnzimmer

Dans la salle de séjour [dɑ̃ la sal də seʒuʀ]

la lampe
[la lɑ̃p]
die Lampe
le piano
[lə pjano]
das Klavier
le tableau
[lə tablo]
das Bild
les livres
[le livʀ]
die Bücher
le violon
[lə vjɔlɔ̃]
die Geige
le téléphone
[lə telefɔn]
das Telefon
la table
[la tabl]
der Tisch
le vase
[lə vɑz]
die Vase
le sofa
[lə sɔfa]
das Sofa
les fleurs
[le flœʀ]
die Blumen
la télécommande
[la telekɔmɑ̃d]
die Fernbedienung

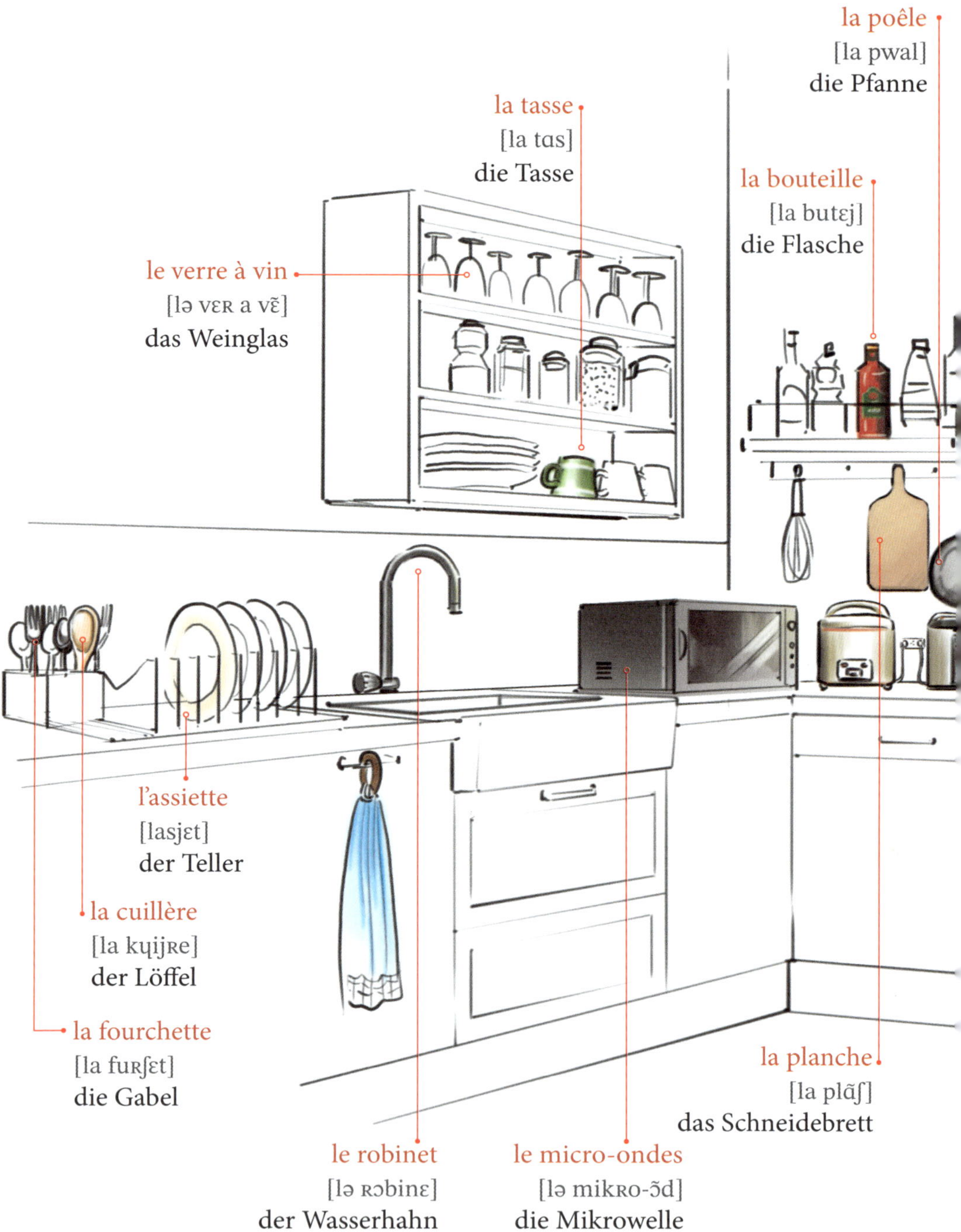
la poêle
[la pwal]
die Pfanne
la tasse
[la tɑs]
die Tasse
la bouteille
[la butɛj]
die Flasche
le verre à vin
[lə vɛʀ a vɛ̃]
das Weinglas
l’assiette
[lasjɛt]
der Teller
la cuillère
[la kɥijʀe]
der Löffel
la fourchette
[la fuʀʃɛt]
die Gabel
la planche
[la plɑ̃ʃ]
das Schneidebrett
le robinet
[lə ʀɔbinɛ]
der Wasserhahn
le micro-ondes
[lə mikʀo-ɔ̃d]
die Mikrowelle

In der Küche

Dans la cuisine [dɑ̃ la kɥizin]

Ausflüge (in der Stadt und außerhalb)

Excursions en ville et à la campagne

[ɛkskyʀsjõ ɑ̃ vil e a la kɑ̃paɲ]

Quelles sont les attractions touristiques de la région ?

[kɛl sɔ̃ le atʀaksjɔ̃ tuʀistik də la ʀeʒjɔ̃]

Welche Sehenswürdigkeiten gibt es hier?

Où est-ce que je peux goûter les plats locaux ?

[u ɛs‿kəʒ pø gute le pla lɔko]

Wo kann ich regionale Spezialitäten probieren?

Ausflüge mit dem Zug

Voyager en train [vwajaʒe ɑ̃ tʀɛ̃]

Où est la gare ? [u ɛ la gaʀ]	Wo ist der Bahnhof?
Où est le guichet automatique ? [u ɛ lə giʃɛ otomatik]	Wo ist der Fahrkartenautomat?
Où est le guichet ? [u ɛ lə giʃɛ]	Wo ist der Fahrkartenschalter?
Combien coûte le bille ? [kɔ̃bjɛ̃ kut lə bijɛ]	Wie viel kostet die Fahrkarte?
Un billet en première classe, s'il vous plaît. [ɛ̃ bijɛ ɑ̃ pʀəmjɛʀ klɑs sil vu plɛ]	Bitte eine Fahrkarte erster Klasse.
Un billet en deuxième classe, s'il vous plaît. [ɛ̃ bijɛ ɑ̃ døzjɛm klɑs sil vu plɛ]	Bitte eine Fahrkarte zweiter Klasse.
Un aller simple, s'il vous plaît. [ɛ̃ ale sɛ̃pl sil vu plɛ]	Bitte eine einfache Fahrkarte.

Un billet aller-retour, s'il vous plaît. [ɛ̃ bijɛ ale ʀətuʀ sil vu plɛ]	Bitte eine Rückfahrkarte.
Je veux réserver une place. [ʒ vø ʀezɛʀve yn plas]	Ich möchte einen Sitzplatz reservieren.
Quand est-ce que le train va partir ? [kɑ̃ ɛs‿kə lə tʀɛ̃ va paʀtiʀ]	Wann fährt der Zug ab?
Combien de fois est-ce que je dois changer de train ? [kɔ̃bjɛ̃ dfwa ɛs‿kə jə dwa ʃɑ̃ʒe də tʀɛ̃]	Wie oft muss ich umsteigen?
Quelle est la prochaine station ? [kɛl‿e la pʀɔʃɛn stasjɔ̃]	Wie heißt die nächste Haltestelle?
Pouvez-vous me dire quand je dois descendre, s'il vous plaît ? [puve vu mdiʀ kɑ̃ ʒə dwa desɑ̃dʀ sil vu plɛ]	Sagen Sie mir bitte, wann ich aussteigen muss.

Am Bahnhof

A la gare
[a la gaʀ]

la station
[la stasjɔ̃]
der Bahnhof

la gare centrale
[la gaʀ sɑ̃tʀal]
der Hauptbahnhof

le guichet
[lə giʃɛ]
der Fahrkartenschalter

le billet
[lə bijɛ]
die Fahrkarte

les horaires
[lez‿ɔʀɛʀ]
der Fahrplan

l'arrivée
[laʀive]
die Ankunft

le départ
[lə depaʀ]
die Abfahrt

le train
[lə tʀɛ̃]
der Zug

le quai
[lə ke]
der Bahnsteig

la voiture-couchette
[la vwatyʀ kuʃɛt]
der Schlafwagen

l'express
[lɛkspʀɛs]
der Schnellzug

le billet de première classe
[lə bijɛ də pʀəmjɛʀ klɑs]
eine Fahrkarte erster Klasse

le billet de deuxième classe
[lə bijɛ də døzjɛm klɑs]
eine Fahrkarte zweiter Klasse

la réservation de siège
[la ʀezɛʀvasjɔ̃ də sjɛʒ]
eine Sitzplatzreservierung

un aller-retour
[ɛ̃ ale ʀətuʀ]
hin und zurück

un aller-simple
[ɛ̃ ale sɛ̃pl]
einfach

la surtaxe
[la syʀtaks]
der Zuschlag

monter
[mɔ̃te]
einsteigen

descendre
[desɑ̃dʀ]
aussteigen

changer de train
[ʃɑ̃ʒe də tʀɛ̃]
umsteigen

A quelle heure est-ce que le train / le bus / le métro / le tram va partir ?

[a kɛl‿œʀ ɛs‿kə lə tʀɛ̃ / lə bys / lə metʀo / lə tʀam va paʀtiʀ]

Um wie viel Uhr fährt der Zug / der Bus / die U-Bahn / die Straßenbahn ab?

Excusez-moi, pouvez-vous m'aider à acheter un billet avec ce distributeur ?

[ɛkskyze mwa puve vu mede a aʃəte ɛ̃ bijɛ avɛk sə distʀibytœʀ]

Entschuldigen Sie bitte,
könnten Sie mir helfen,
ein Ticket an diesem Automaten
zu kaufen?

Je veux aller à ...

[ʒə vø ale a]

(Ich möchte nach... fahren.)

Ausflüge mit dem Bus und mit der Straßenbahn

Excursions en bus et en tram [ɛkskyʀsjõ ɑ̃ bys e ɑ̃ tʀam]

l'autobus, le bus [lotobys, lə bys]	der Autobus, der Bus
l’arrêt de bus [laʀɛ də bys]	die Bushaltestelle
le tram [lə tʀam]	die Straßenbahn

Où est l’arret de tram ?

[u ɛ laʀɛd tʀam]

Wo ist die Straßenbahnhaltestelle?

l’arrêt de tram [laʀɛd tʀam]	die Straßenbahnhaltestelle
le billet [lə bijɛ]	die Fahrkarte
le contrôleur lə kɔ̃tʀolœʀ]	der Kontrolleur
l’amende [lamɑ̃d]	die Geldstrafe

Où est … ?

[u ɛ]

Wo ist …?

Où est l'arrêt de bus ?

[u ɛ laʀɛd bys]

Wo ist die Bushaltestelle?

le feu rouge

[lə fø ʀuʒ]

die Ampel

la moto

[la moto]

das Motorrad

le vélo

[lə velo]

das Fahrrad

la voiture

[la vwatyʀ]

das Auto

Auf eigene Faust unterwegs mit dem Auto, Motorrad, Fahrrad und zu Fuß

Voyager seul en voiture, en moto, à vélo ou à pied

[vwajaʒe sœl ɑ̃ vwatyʀ ɑ̃ mɔto a velo u a pje]

la rue [la ʀy]	die Straße
l'intersection [lɛ̃tɛʀsɛksjɔ̃]	die Kreuzung
aller tout droit [ale tu dʀwa]	geradeaus
tourner à droite [tuʀne a dʀwat]	rechts abbiegen
tourner à gauche [tuʀne a goʃ]	links abbiegen
Où est la station d'essence ? [u ɛ la stasjɔ̃ desɑ̃s]	Wo ist eine Tankstelle?
ici [isi]	hier
là [la]	dort
près [pʀɛ]	nah
loin [lwɛ̃]	weit
l'assurance [lasyʀɑ̃s]	die Versicherung
Quelle essence est-ce que je dois prendre ? [kɛl‿esɑ̃s ɛs‿kə ʒə dwa pʀɑ̃dʀ]	Welches Benzin soll ich tanken?

Kunst und Freizeitaktivitäten

Les beaux-arts et les loisirs [le bozaʀ e le lwaziʀ]

le théâtre
[lə teɑtʀ]
das Theater

l'opéra
[lɔpeʀa]
das Opernhaus

le cinéma
[lə sinema]
das Kino

la galerie d'art
[la galʀi dɑːt]
die Kunstgalerie

le musée
[lə myze]
das Museum

la piscine
[la pisin]
das Hallenbad

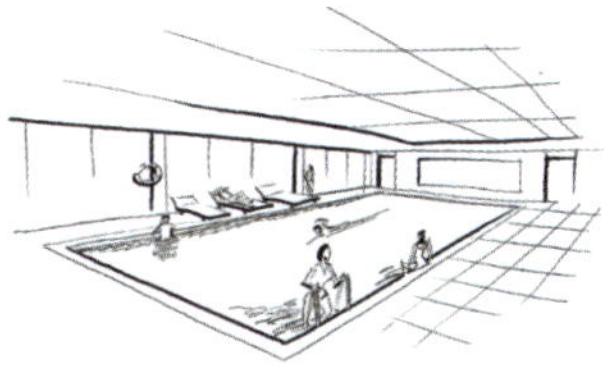

la piscine extérieure
[la pisin ɛkstɛʀjœʀ]
das Freibad

le spa
[lə spa]
der Spabereich

le parc municipal
[lə paʀk mynisipal]
der Stadtpark

la salle de sport
[la sal də spɔʀ]
das Fitnessstudio

Sehenswürdigkeiten

Les sites touristiques [le sit tuʀistik]

la tour Eiffel
[la tuʀ ɛfɛl]

la cathédrale Notre-Dame
[la katedʀal nɔtʀ-dam]

les Champs-Elysées
[le ʃɑ̃selize]

le musée du Louvre
[lə myze dy luvʀə]

le Moulin Rouge
[lə mulɛ̃ ʀuʒ]

le Panthéon
[lə pɑ̃teõ]

le pont des Arts
[lə pɔ̃ de saʀ]

Versailles
[vɛə'saɪ]

le Sacré-Cœur
[lə sakʀe kœʀ]

le centre Pompidou
[lə sɑ̃tʀ pɔ̃pidu]

Bäckerei

Boulangerie [bulɑ̃ʒʀi]

la baguette
[la bagɛt]

das Baguette

le pain au noix
[lə pɛ o nwa]

das Nussbrot

le croissant
[lə kʀwasɑ̃]

das Croissant

le pain de campagne
[lə pɛ̃ də kɑ̃paɲ]

das Landbrot

le pain bâtard

[lə pɛ̃ bɑtaʀ]

das Brot „Bâtard“

la fougasse

[la fugas]

das provenzalische Fladenbrot

le pain complet

[lə pɛ̃ kɔ̃plɛ]

das Vollkornbrot

la brioche

[la bʀijɔʃ]

die Brioche

l'agneau
[laɲo]
das Lamm

le lapin
[lə lapɛ̃]
das Kaninchen

le canard
[lə kanaʀ]
die Ente

le bœuf
[lə bœf]
das Rindfleisch

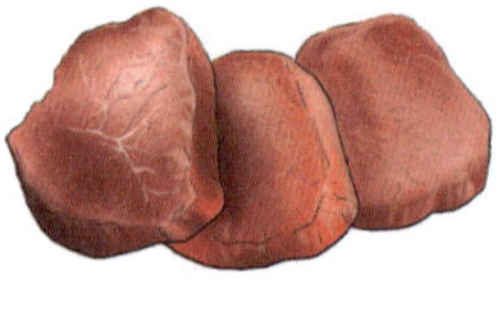

le veau
[lə vo]
das Kalb

In der Metzgerei

Dans la boucherie [dɑ̃ la buʃʀi]

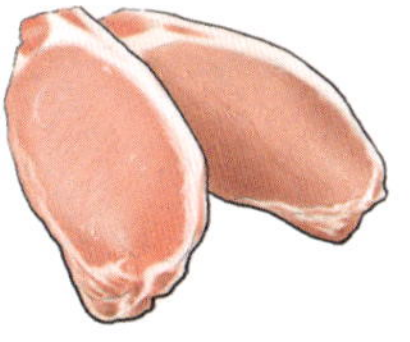

le porc

[lə pɔʀ]

das Schweinefleisch

les viandes

[le vjɑ̃d]

das Fleisch

l'escargot

[lɛskaʀgo]

die Schnecke

le poulet

[lə pulɛ]

das Hühnerfleisch

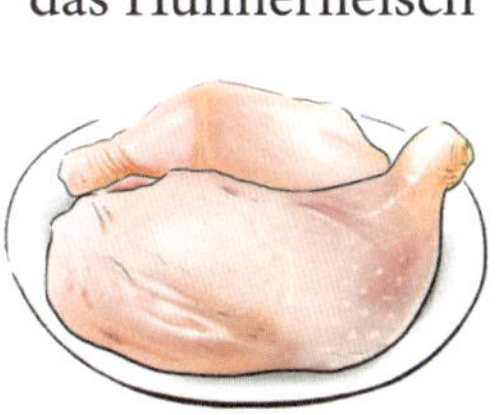

Im Fischgeschäft

Dans la poissonnerie [dɑ̃ la pwasɔnʀi]

la truite
[la tʀɥit]
die Forelle

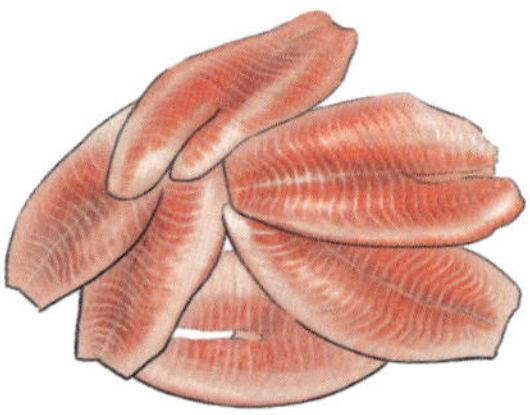

le poisson
[lə pwasɔ̃]
der Fisch

le crabe
[lə kʀɑb]
die Krabbe

les crevettes
[le kʀəvɛt]
die Garnele

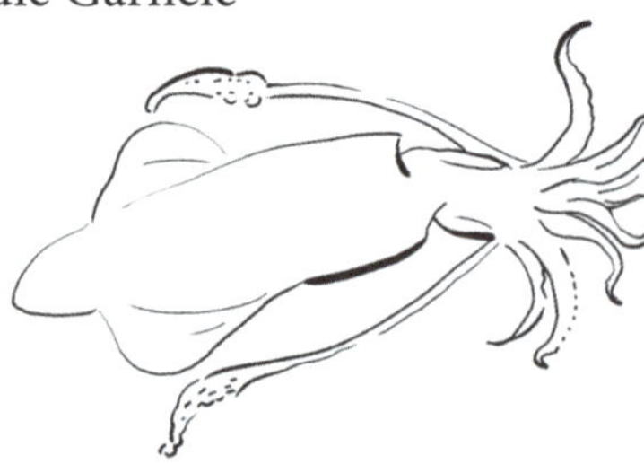

le thon
[lə tɔ̃]
der Thunfisch

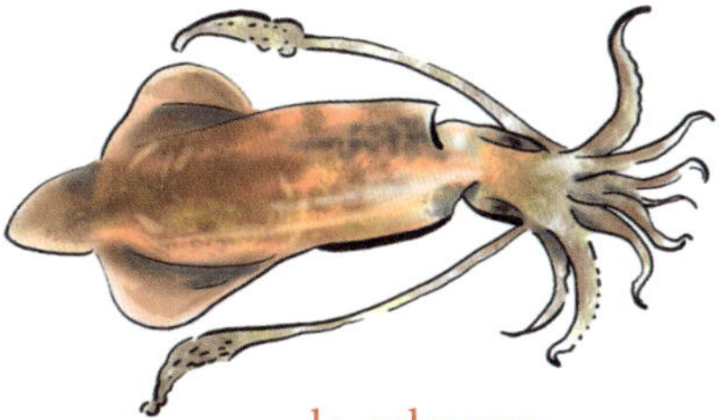

le calamar
[lə kalamaʀ]
der Tintenfisch

le saumon
[lə somɔ̃]
der Lachs

les moules
[le mul]
die Miesmuschel

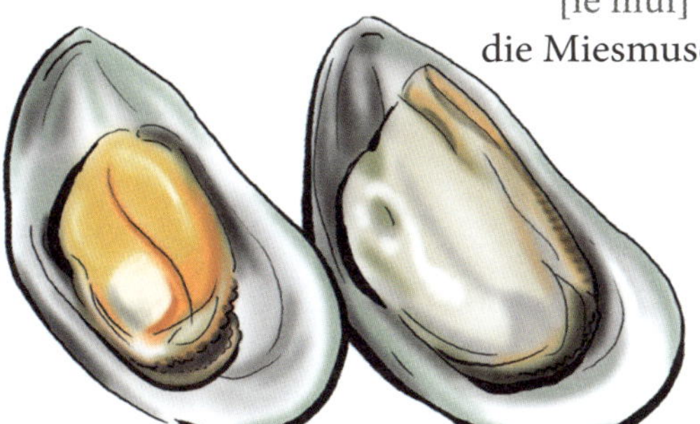

l’huître
[lɥitʀ]
die Auster

1
2
3
4
5
6
7
8
9

Im Gemüseladen

Au rayon légumes [o ʀɛjõ legym]

1. l'aubergine [lobɛʀʒin]
die Aubergine

2. le concombre [lə kɔ̃kɔ̃bʀ]
die Gurke

3. le brocoli [lə bʀɔkɔli]
der Brokkoli

4. l'artichaut [laʀtiʃo]
die Artischocke

5. le chou chinois [lə ʃu ʃinwa]
der Chinakohl

6. les petits pois [le pəti pwɑ]
die Erbsen

7. le chou-fleur [lə ʃuflœʀ]
der Blumenkohl

8. les carottes [le kaʀɔt]
die Möhre

9. le basilic [lə bazilik]
der Basilikum

1. le gingembre [lə ʒɛ̃ʒɑ̃bʀ]
der Ingwer

2. la laitue [la lety]
der Kopfsalat

3. la citrouille [la sitʀuj]
der Kürbis

4. les amandes [lez‿amɑ̃d]
die Mandel

5. les cacahouètes [le kakaɥɛt]
die Erdnuss

6. les noisettes [le nwazɛt]
die Haselnuss

7. l'ail [laj]
der Knoblauch

8. les champignons [le ʃɑ̃piɲɔ̃]
der Pilz

9. les pommes de terre [le pɔm də tɛʀ]
die Kartoffel

10. le maïs [lə mais]
der Mais

11. les noix [le nwa]
die Walnuss

1
2
3
4
5
6
7
8
9
10
11

1
2
3
4
5
6
7
8
9
10

1. la betterave [la bɛtʀav]
die rote Beete

2. le poivron [lə pwavʀɔ̃]
die Paprika

3. l'oignon [lɔɲɔ̃]
die Zwiebel

4. le chou blanc [lə ʃu blɑ̃]
der Weißkohl

5. le chou rouge [lə ʃu ʀuʒ]
der Rotkohl

6. l'asperge [laspɛʀʒ]
der Spargel

7. la tomate [la tɔmat]
die Tomate

8. la courgette [la kuʀʒɛt]
die Zucchini

9. le céleri [lə sɛlʀi]
die Sellerie

10. les épinards [lez‿epinaʀ]
der Spinat

la pomme
[la pɔm]
der Apfel

la pomme verte
[la pɔm vɛʀt]
der grüne Apfel

la poire
[la pwaʀ]
die Birne

la cerise
[la səʀiz]
die Kirsche

la prune
[la pʀyn]
die Pflaume

l'olive
[lɔliv]
die Olive

la noix de coco
[la nwad koko]
die Kokosnuss

la fraise
[la fʀɛz]
die Erdbeere

l'ananas
[lanana]
die Ananas

la grenade
[la gʀənad]
der Granatapfel

la mûre
[la myʀ]
die Brombeere

la framboise
[la fʀɑ̃bwaz]
die Himbeere

Im Obstladen

Au rayon fruits [o ʀɛjõ fʀɥi]

la myrtille
[la miʀtij]
die Blaubeere

le cassis
[lə kasis]
die schwarze Johannisbeere

la groseille
[la gʀozɛj]
die rote Johannisbeere

le citron vert
[lə sitʀɔ̃ vɛʀ]
die Limette

le citron
[lə sitʀɔ̃]
die Zitrone

l'avocat
[lavɔka]
die Avocado

la pêche
[la pɛʃ]
der Pfirsich

la papaye
[la papaj]
die Papaya

la banane
[la banan]
die Banane

la mangue
[la mɑ̃g]
die Mango

l'orange
[lɔʀɑ̃ʒ]
die Orange

la mandarine
[la mɑ̃daʀin]
die Mandarine

la pastèque
[la pastɛk]
die Wassermelone

le raisin
[lə ʀɛzɛ̃]
die Weintraube

le melon
[lə məlɔ̃]
die Melone

le kiwi
[lə kiwi]
die Kiwi

Getränke

les boissons [le bwasɔ̃]

l'eau pétillante
[lo petijɑ̃t]
das (Mineral)wasser
mit Kohlensäure

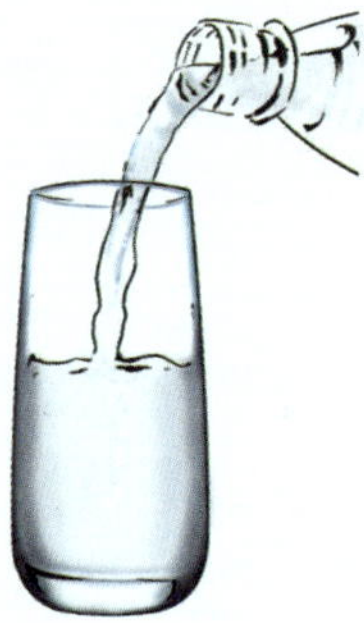

l'eau plate
[lo pla]
das stille Wasser

l'eau minérale
[lo mineʀal]
das Mineralwasser

la limonade
[la limɔnad]
die Limonade

les boissons gazeuses
[le bwasɔ̃ gɑzøs]
die Erfrischungsgetränke

le jus de carotte
[lə ʒyd kaʀɔt]
der Karottensaft

le jus d'ananas
[lə ʒy danana]
der Ananassaft

le jus de pomme
[lə ʒyd pɔm]
der Apfelsaft

le jus de tomate
[lə ʒyd tɔmat]
der Tomatensaft

le jus d'orange
[lə ʒy dɔʀɑ̃ʒ]
der Orangensaft

le jus de raisin
[lə ʒyd ʀɛzɛ̃]
der Traubensaft

In der Bar

Dans le bar [dɑ̃ lə baʀ]

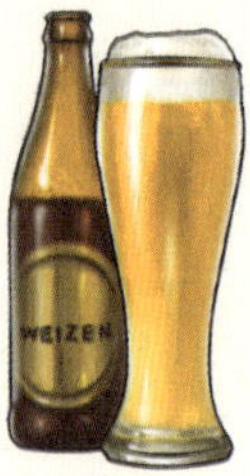

la bière
[la bjɛʀ]
das Bier

le vin mousseux
[lə vɛ̃ musø]
der Sekt

le whiskey
[lə wiski]
der Whiskey

le cognac
[lə kɔɲak]
der Cognac

le vin rouge
[lə vɛ̃ ʀuʒ]
der Rotwein

le vin blanc
[lə vɛ̃ blɑ̃ʃ]
der Weißwein

le rosé
[lə ʀoze]
der Rosé

La vérité est dans le vin.
[la veʀite ɛ dɑ̃ lə vɛ̃] Im Wein liegt die Wahrheit.

Le vin est de la poésie en bouteille.
[lə vɛ̃ ɛ də la pɔezi ɑ̃ butɛj] Wein ist Poesie in Flaschen.

Le vin blanc rend aussi le nez rouge.
[lə vɛ̃ blɑ̃ ʀɑ̃ osi lə ne ʀuʒ] Auch weißer Wein macht eine rote Nase.

La vie
est
trop courte
pour boire
du mauvais
Vin.

[la vi ɛ tʀo kuʀt puʀ bwaʀ dy mɔvɛ vɛ̃]

Das Leben ist viel zu kurz,
um schlechten Wein zu trinken.

Johann Wolfgang von Goethe

le café express
[lə kafe ɛkspʀɛs]

le café noisette
[lə kafe nwazɛt]

le café allongé
[lə kafe alõʒe]

Im Café

Au Café [o kafe]

le café express
Kaffee mit sehr kräftigem Geschmack

le café noisette
Espresso mit etwas Milchschaum im Kännchen dabei

le café allongé
Espresso mit heißem Wasser

le café crème

[lə kafe kʀɛm]

le chocolat chaud

[lə ʃɔkɔla ʃod]

le lait chaud

[lə lɛ ʃod]

le café crème

der Milchkaffee

le chocolat chaud

die heiße Schokolade

le lait chaud

die heiße Milch

1

2

3

Tee

le thé [lə te]

4

5

6

1. le thé noir

[lə te nwaʀ]

der schwarze Tee

2. le thé blanc

[lə te blɑ̃]

der weiße Tee

3. le thé vert

[lə te vɛʀ]

der grüne Tee

4. le thé aux fruits

[lə te o fʀɥi]

der Früchtetee

5. le thé jaune

[lə te ʒon]

der gelbe Tee

6. la tisane

[la tizan]

der Kräutertee

Excusez-moi, je voudrais commander.

[ɛkskyze mwa ʒə vudʀɛ kɔmɑ̃de]

Entschuldigung!
Ich würde gerne bestellen.

Quelle sont les spécialités de cette région ?

[kɛl sɔ̃ le spesjalite də sɛt ʀeʒjɔ̃]

Welche Spezialitäten gibt es aus dieser Region?

Im Restaurant

Dans le restaurant [dɑ̃ lə ʀɛstɔʀɑ̃]

le restaurant	[lə ʀɛstɔʀɑ̃]	das Restaurant
le menu	[lə məny]	die Speisekarte
l'entrée	[lɑ̃tʀe]	die Vorspeise
le plat principal	[lə pla pʀɛ̃sipal]	das Hauptgericht
le dessert	[lə desɛʀ]	der Nachtisch

Est-ce que vous avez une table pour deux personnes ?
[ɛs‿kə vuz‿ave yn tabl puʀ dø pɛʀsɔn]

Haben Sie einen Tisch für zwei Personen?

Vous avez un plat du jour ?
[vuz‿ave ɛ̃ pla dy ʒuʀ]

Gibt es ein Tagesmenü?

Qu'est-ce que vous me recommandez ?
[kɛs kə vum ʀəkɔmɑ̃de]

Was können Sie mir empfehlen?

Je voudrais …
[ʒə vudʀɛ]

Ich hätte gerne...

1. la fourchette à salade [la fuʀʃɛt a salad]
   die Vorspeisengabel
2. la fourchette [la fuʀʃɛt]
   die Gabel
3. le couteau [lə kuto]
   das Messer
4. le couteau à salade [lə kuto a salad]
   das Vorspeisenmesser
5. la cuillère à soupe [la kɥijʀe a sup]
   der Suppenlöffel
6. le couteau à beurre [la kɥijʀe a bœʀ]
   das Buttermesser
7. la fourchette à dessert [la fuʀʃɛt a desɛʀ]
   die Kuchengabel
8. la cuillère à dessert [la kɥijʀe a desɛʀ]
   der Kaffeelöffel
9. l'assiette à pain [lasjɛt a pɛ̃]
   der Brotteller
10. la sous-assiette [la suz‿asjɛt]
    der Platzteller
11. le verre à eau [lə vɛʀ a o]
    das Wasserglas
12. le verre à vin rouge [lə vɛʀ a vɛ̃ ʀuʒ]
    das Rotweinglas
13. le verre à vin blanc [lə vɛʀ a vɛ̃ blɑ̃]
    das Weißweinglas

Der gedeckte Tisch

Les couverts de table [le kuvɛʀ də tabl]

le poivre
[lə pwavʀ]
der Pfeffer

le sel
[lə sɛl]
das Salz

Die Gewürze

L'assaisonnements [lasɛzɔnmɑ̃]

le piment
[lə pimɑ̃]
das Chilipulver

le pistou
[lə pistu]
das Pesto

le curry
[lə kyʀi]
das Currypulver

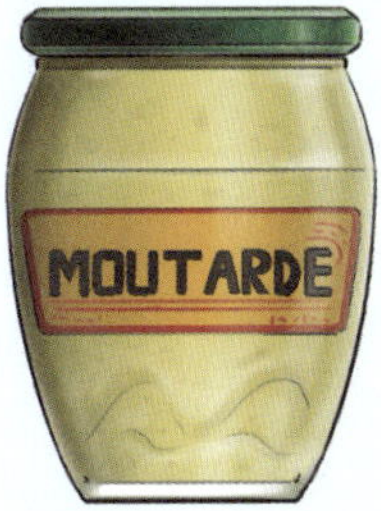

la moutarde
[la mutaʀd]
der Senf

le ketchup
[lə kɛtʃœp]
der Tomatenketchup

la mayonnaise
[la majɔnɛz]
die Mayonnaise

le sucre
[lə sykʀ]
der Zucker

l'édulcorant
[ledylkɔʀɑ̃]
der Süßstoff

le paprika
[lə papʀika]
das Paprikapulver

le Parmesan
[lə paʀməzɑ̃]
der Parmesankäse

la sauce de soja
[la sosd sɔʒa]
die Sojasoße

le repas	[lə ʀəpɑ]	die Mahlzeit
le petit déjeuner	[lə pəti deʒœne]	das Frühstück
le déjeuner	[lə deʒœne]	das Mittagessen
le dîner	[lə dine]	das Abendessen

Bon appétit !

[bɔ̃n‿apeti]

Guten Appetit!

L'addition, s'il vous plaît.

[ladisjɔ̃ sil vu plɛ]

Die Rechnung, bitte.

Le repas était très bon ! [lə ʀəpɑ etɛ tʀɛ bɔ̃]	Das Essen war sehr gut!
Délicieux ! [delisjø]	Köstlich!
C'est bien comme ça. [sɛ bjɛ̃ kɔm sa]	Es stimmt so.
le pourboire [lə puʀbwaʀ]	das Trinkgeld

le miel
[lə mjɛl]
der Honig

le beurre de cacahouète
[lə bœʀ də kakaɥɛt]
die Erdnussbutter

la confiture
[la kɔ̃fityʀ]
die Marmelade

le beurre
[lə bœʀ]
die Butter

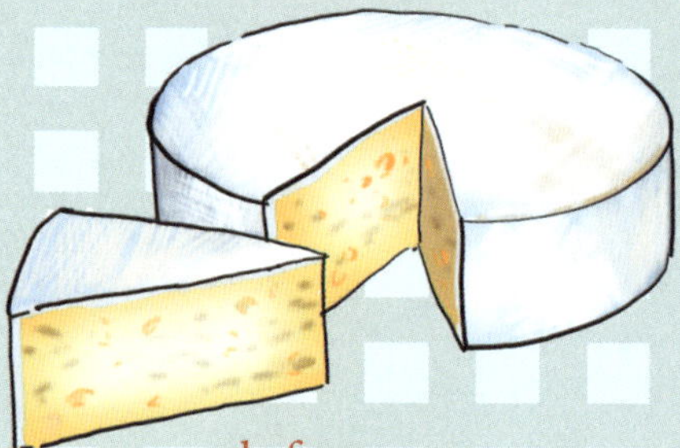

le fromage
[lə fʀɔmaʒ]
der Käse

le toast
[lə tost]
das Toastbrot

l'œuf à la coque
[lœf a la kɔk]
das gekochte Ei

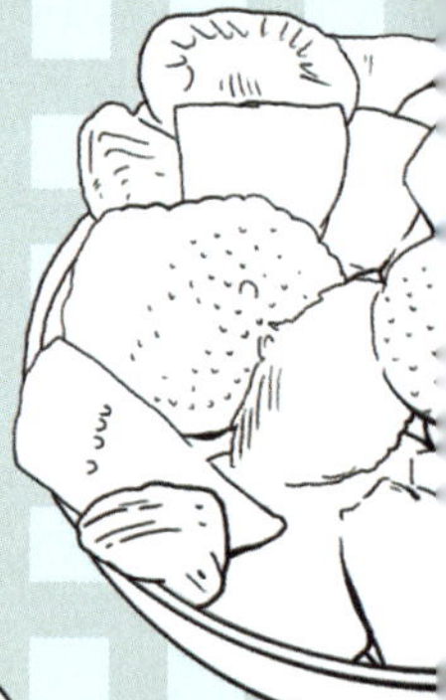

l'omelette
[lɔmlɛt]
das Omelett

Das Frühstück

Le petit déjeuner [lə pəti deʒœne]

le muesli
[lə mysli]
das Müsli

la salade de fruits
[la salad də fʀɥi]
der Obstsalat

le yaourt
[lə jauʀ]
der Joghurt

l'œuf au plat
[lœf o pla]
das Spiegelei

le jambon
[lə ʒɑ̃bɔ̃]
der Schinken

les œufs brouillés
[lez‿œf bʀuje]
das Rührei

Die Vorspeise

L'entrée [lɑ̃tʀe]

les crudités
[le kʀydite]
das ungekochte Gemüse

les canapés
[le kanape]
die Appetithappen

le foie gras
[lə fwa gʀɑ]
die Gänseleberpastete

les huîtres
[le ɥitʀ]
die Austern

Das Hauptgericht

Le plat principal [lə pla pʀɛ̃sipal]

le coq au vin

[lə kɔk‿o vɛ̃]

das Hühnchen in Weinsoße

la bouillabaisse

[la bujabɛs]

die Bouillabaisse Fischsuppe

le poulet rôti et pommes de terre

[lə pulɛ ʀoti e pɔm dtɛʀ]

das gegrillte Hühnchen mit Kartoffeln

les paupiettes de veau rôties

[le popjɛt dvo ʀoti]

die Kalbfleischröllchen

les moules marinières

[le mul maʀinjɛʀ]

die Miesmuscheln auf Weißweinsoße

la crêpe jambon-fromage
[la kʀɛp ʒɑ̃bɔ̃ fʀɔmaʒ]
die Crêpe mit Schinken und Käse

la poêlée d'escargots aux girolles
[la pwale dɛskaʀgo o ʒiʀɔl]
die gebratenen Schnecken auf Pfifferlingen

la petite choucroute de la mer
[la pəti ʃukʀut də la mɛʀ]
die Meeresfrüchte auf Sauerkraut

le cassoulet
[lə kasulɛ]
das Cassoulet

le gratin dauphinois
[lə gʀatɛ̃ dofinwa]
das Kartoffelgratin

Der Imbiss

Le snack [lə snak]

le hamburger

[lə ɑ̃buʀgœʀ]

der Hamburger

le sandwich

[lə sɑ̃dwiʃ]

das Sandwich

la pizza

[la pidza]

die Pizza

Süßspeisen

Le dessert [lə desɛʀ]

1. la crêpe [la kʀɛp]

2. la crème brûlée [la kʀɛm bʀyle]

3. la meringue [la məʀɛ̃g]

4. le chou à la crème [lə ʃu ã la kʀɛm]

5. la tarte aux pommes [la taʀt‿o pɔm]

6. le macaron [la makaʀɔ̃]

7. le gâteau roulé [lə gɑto ʀule]

8. le mille-feuille [lə milfœj]

9. l'éclair [leklɛʀ]

10. le nid d'abeille [lə ni dabɛj]

11. la tarte au citron [la taʀt‿o sitʀɔ̃]

1

3

2

4

5

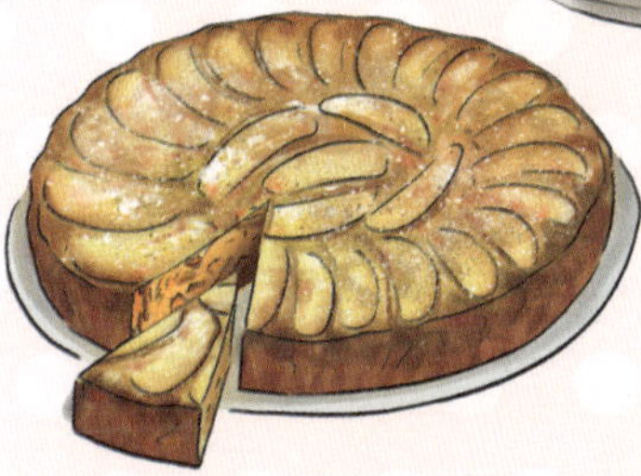

7

6

9

8

10

11

Die Käsesorten

Les fromages [le fʀɔmaʒ]

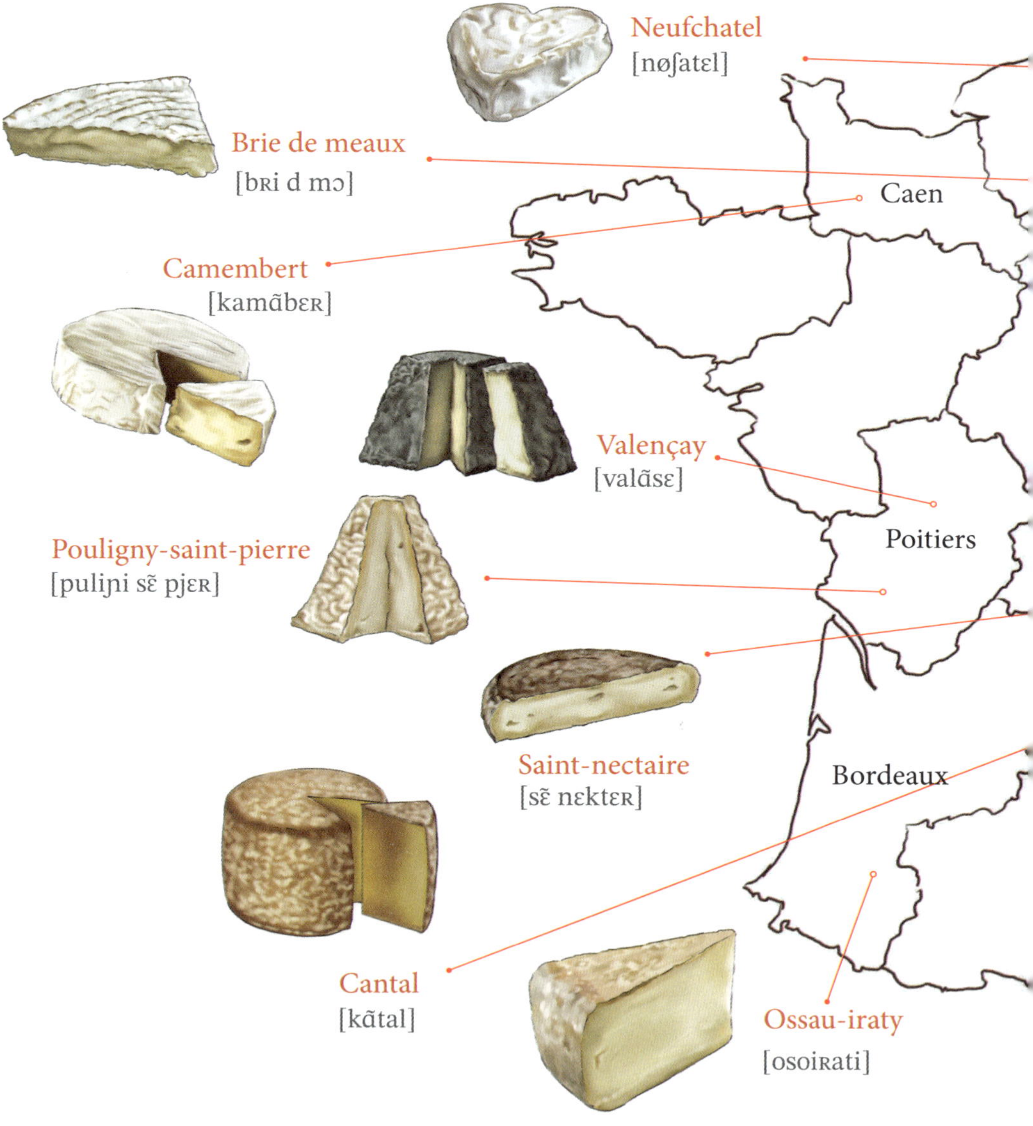

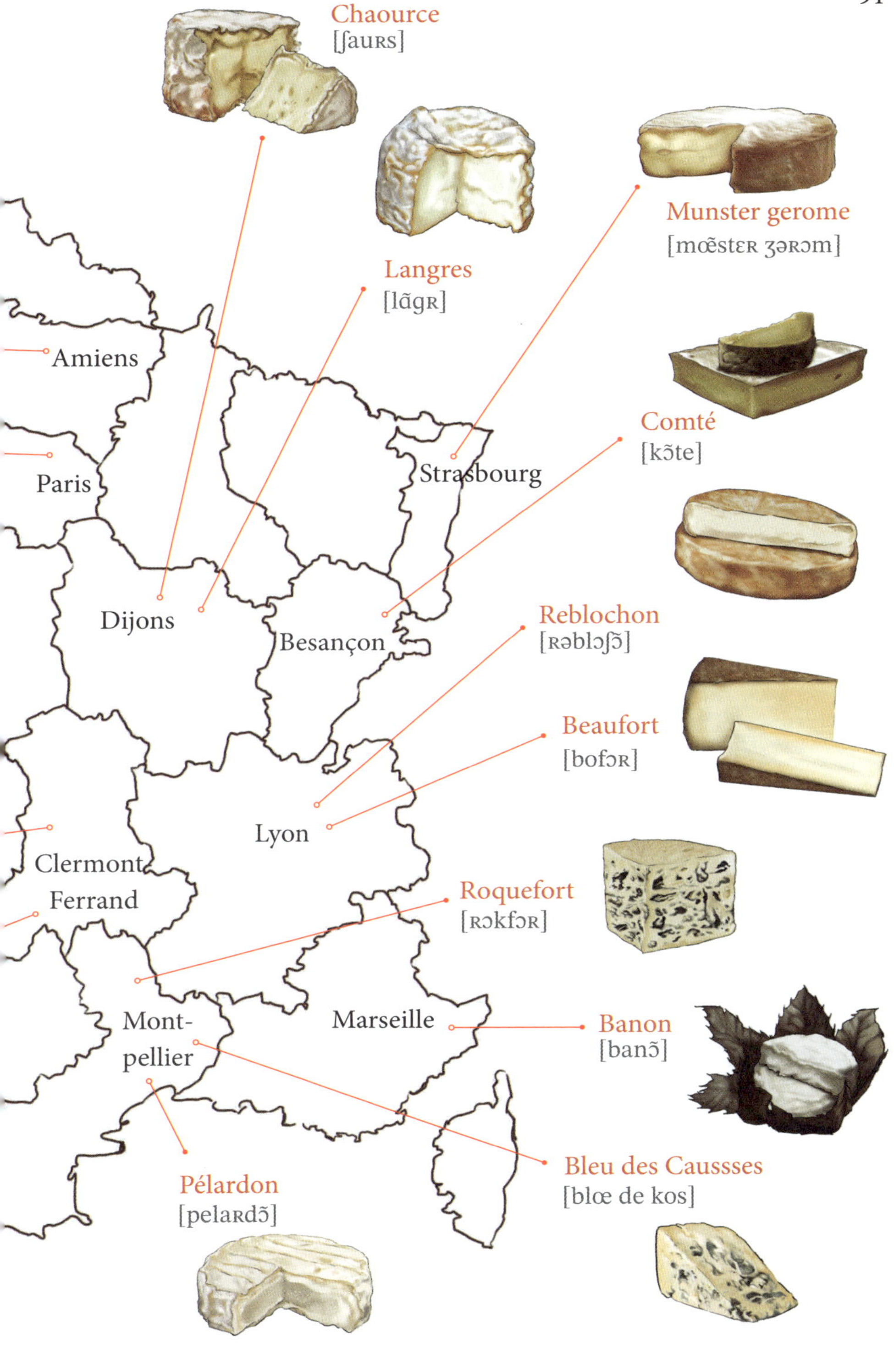
Chaource
[ʃauʀs]
Langres
[lɑ̃gʀ]
Munster gerome
[mœ̃stɛʀ ʒəʀɔm]
Amiens
Paris
Strasbourg
Comté
[kɔ̃te]
Dijons
Besançon
Reblochon
[ʀəblɔʃɔ̃]
Beaufort
[bofɔʀ]
Lyon
Clermont-
Ferrand
Roquefort
[ʀɔkfɔʀ]
Mont-
pellier
Marseille
Banon
[banɔ̃]
Bleu des Caussses
[blœ de kos]
Pélardon
[pelaʀdɔ̃]

Einkaufsmöglichkeiten

Faire du shopping [fɛʀ dy ʃɔpiŋ]

Monoprix
Fnac
Intermarché
Carrefour
Auchan

le centre commercial
[lə sɑ̃tʀ kɔmɛʀsjal]
das Einkaufszentrum

le supermarché
[lə sypɛʀmaʀʃe]
der Supermarkt

l'hypermarché
[lipɛʀmaʀʃe]
der Großmarkt

le magasin
[lə magazɛ̃]
das Geschäft

l'épicerie
[lepisʀĩ]
der Lebensmittelladen

Alles, was das Herz begehrt

Tout ce que vous désirez [tu sə kə vu deziʀe]

la parfumerie
[la paʀfymʀi]

die Parfümerie

---

le coiffeur
[lə kwafœʀ]

der Friseursalon

---

le bijoutier
[lə biʒutje]

das Juweliergeschäft

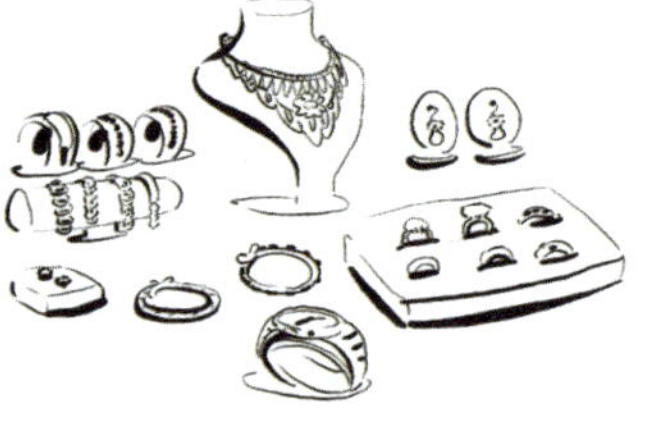

---

le fleuriste
[lə flœʀist]

der Blumenladen

la boutique de mode

[la butik də mɔd]

die Modeboutique

---

le magasin de chaussures

[lə magazɛ̃ də ʃosyʀ]

das Schuhgeschäft

---

le magasin de souvenirs

[lə magazɛ̃ də suvəniʀ]

der Souvenierladen

---

l'antiquaire

[lɑ̃tikɛʀ]

das Antiquitätengeschäft

Je cherche…. [ʒə ʃɛʀʃ]	Ich suche...
une chemise. [yn ʃəmiz]	ein Hemd.
un pantalon. [ɛ̃ pɑ̃talɔ̃]	eine Hose.
une paire de chaussures. [yn pɛʀ də ʃosyʀ]	ein Paar Schuhe.
une paire de chausettes. [yn pɛʀ də ʃosɛt]	ein Paar Strümpfe.
deux chemisiers. [dø ʃəmizje]	zwei Blusen.
trois vestes. [tʀwɑ vɛst]	drei Jacken.
quatre robes. [katʀ ʀɔb]	vier Kleider.
cinq manteaux. [sɛ̃ mɑ̃to]	fünf Mäntel.

Ça coûte combien ? [sa kut kɔ̃bjɛ̃]	Wie viel kostet das?
Ça coûte …. euros. [sa kut øʀos]	Das kostet... Euro.
C'est très cher. [sɛ tʀɛ ʃɛʀ]	Das ist sehr teuer.
Pouvez vous me faire une réduction ? [puve vu mə fɛʀ yn ʀedyksjõ]	Können Sie mir das günstiger verkaufen?
C'est très bon marché. [sɛ tʀɛ bɔ̃ maʀʃe]	Das ist sehr billig.
Merci, c'est tout. [mɛʀsi sɛ tu]	Danke, das ist genug.
Le prix est raisonnable. [lə pʀi ɛ ʀɛzɔnabl]	Der Preis ist angemessen.
C'est trop court / trop long. [sɛ tʀo kuʀ / tʀo lɔ̃]	Das ist zu kurz / zu lang.
C'est trop large / trop serré. [sɛ tʀo laʀʒ / tʀo seʀe]	Das ist zu weit / zu eng.

Est-ce que je peux essayer ?

[ɛs‿kə ʒpø eseje]

Kann ich das anprobieren?

Où sont les cabines d'essayage ?

[u sɔ̃ le kabin desɛjaʒ]

Wo sind die Umkleidekabinen?

En solde

[ɑ̃ sɔld]

Im Ausverkauf

En promotion

[ɑ̃ pʀɔmosjɔ̃] Sonderverkauf

Offre spéciale

[ɔfʀ spesjal] Sonderangebot

A prix réduit

[a pʀi ʀedɥi] Reduziert

Die Farben

Les couleurs [le kulœʀ]

blanc, blanche
[blɑ̃, blɑ̃ʃ]
weiß

noir, noire
[nwaʀ]
schwarz

orange
[ɔʀɑ̃ʒ]
orange

marron
[maʀɔ̃]
braun

gris, grise
[gʀi, gʀiz]
grau

bleu, bleue
[blø]
blau

clair(e)
[klɛʀ]
hell

foncé(e)
[fɔ̃se]
dunkel

rouge
[ʀuʒ]
rot

rose
[ʀoz]
rosa

jaune
[ʒon]
gelb

vert, verte
[vɛʀ, vɛʀt]
grün

bleu marine
[blø maʀin]
dunkelblau

violet, violette
[vjɔlɛ, vjɔlɛt]
lila

Die Zahlen

Les nombres [le nɔ̃bʀ]

0	zéro	[zeʀo]
1	un	[ɛ̃]
2	deux	[dø]
3	trois	[tʀwɑ]
4	quatre	[katʀ]
5	cinq	[sɛ̃k]
6	six	[sis]
7	sept	[sɛt]
8	huit	[ɥit]
9	neuf	[nœf]
10	dix	[dis]
11	onze	[ɔ̃z]
12	douze	[duz]
13	treize	[tʀɛz]
14	quatorze	[katɔʀz]
15	quinze	[kɛ̃z]
16	seize	[sɛz]
17	dix-sept	[disɛt]
18	dix-huit	[dizɥit]
19	dix-neuf	[diznœf]
20	vingt	[vɛ̃]
21	vingt et un	[vɛ̃t‿e ɛ̃]
22	vingt-deux	[vɛ̃ dø]
23	vingt-trois	[vɛ̃ tʀwɑ]
24	vingt-quatre	[vɛ̃ katʀ]
25	vingt-cinq	[vɛ̃ sɛ̃k]

26	vingt-six	[vɛ̃ sis]
27	vingt-sept	[vɛ̃ sɛt]
28	vingt-huit	[vɛ̃ ɥit]
29	vingt-neuf	[vɛ̃ nœf]
30	trente	[tʀɑ̃t]
40	quarante	[kaʀɑ̃t]
50	cinquante	[sɛ̃kɑ̃t]
60	soixante	[swasɑ̃t]
70	soixante-dix	[swasɑ̃t dis]
80	quatre-vingt	[katʀ vɛ̃]
90	quatre-vingt-dix	[katʀ vɛ̃ dis]
100	cent	[sɑ̃]
101	cent un	[sɑ̃ ɛ̃]
102	cent deux	[sɑ̃ dø]
200	deux cents	[dø sɑ̃]
300	trois cents	[tʀwa sɑ̃]
400	quatre cents	[katʀ sɑ̃]
500	cinq cents	[sɛ̃k sɑ̃]
600	six cents	[sis sɑ̃]
700	sept cents	[sɛt sɑ̃]
800	huit cents	[ɥit sɑ̃]
900	neuf cents	[nœf sɑ̃]
1000	mille	[mil]
10 000	dix mille	[di mil]
100 000	cent mille	[sɑ̃ mil]
1 000 000	un million	[ɛ̃ miljɔ̃]

1

premier / première

[pʀəmje / pʀəmjɛʀ]
der/die/das erste

2

deuxième

[døzjɛm]
der/die/das zweite

3

troisième

[tʀwɑzjɛm]
der/die/das dritte

quatrième	[katʀijɛm]	der/die/das vierte
cinquième	[sɛ̃kjɛm]	der/die/das fünfte
sixième	[sizjɛm]	der/die/das sechste
septième	[sɛtjɛm]	der/die/das siebte
huitième	[ɥitjɛm]	der/die/das achte
neuvième	[nœvjɛm]	der/die/das neunte
dixième	[dizjɛm]	der/die/das zehnte

Wann denn?

Quand donc? [kɑ̃ dɔ̃k]

hier
[jɛʀ]

gestern

hier soir
[jɛʀ swaʀ]

letzte Nacht

avant-hier
[avɑ̃t‿jɛʀ]

vorgestern

la semaine dernière
[la səmɛn dɛʀnjɛʀ]

letzte Woche

l'année dernière
[lane dɛʀnjɛʀ]

letztes Jahr

aujourd'hui
[oʒuʀdɥi]

heute

demain
[dəmɛ̃]

morgen

après-demain
[apʀɛ dəmɛ̃]

übermorgen

la semaine prochaine
[la səmɛn pʀɔʃɛn]

nächste Woche

l'année prochaine
[lane pʀɔʃɛn]

nächstes Jahr

Rund um die Uhr

A propos de l'heure [a pʀɔpo də lœʀ]

le temps	[lə tɑ̃]	die Uhrzeit
l'horloge	[lɔʀlɔʒ]	die Uhr
la seconde	[la səgɔ̃d]	die Sekunde
les secondes	[le səgɔ̃d]	die Sekunden
la minute	[la minyt]	die Minute
les minutes	[le minyt]	die Minuten
un quart d'heure	[yn kaʀ dœʀ]	ein Viertel
une demi-heure	[yn dəmi œʀ]	die halbe Stunde
l'heure	lœʀ]	die Stunde
les heures	[lez‿œʀ]	die Stunden

le matin
[lə matɛ̃]
der Morgen

le midi
[lə midi]
der Mittag

l’après-midi
[laprɛ-midi]
der Nachmittag

la soirée
[la swaʀe]
der Abend

la nuit
[la nɥi]
die Nacht

minuit
[minɥi]
die Mitternacht

tôt
[to]
früh

tard
[taʀ]
spät

Quelle heure est-il ?

[kɛl‿œʀ ɛt‿il]

Wie spät ist es?

Il est une heure.

[il‿ɛ yn‿œʀ]

Es ist ein Uhr.

7:10

Il est sept heures dix.

[il‿ɛ sɛt‿œʀ dis]

Es ist zehn (Minuten) nach sieben.

7:15

Il est sept heures et quart.

[il‿ɛ sɛt‿œʀ e kaʀ]

Es ist Viertel nach sieben.

7: 55

Il est sept heures cinquante cinq.

[il‿ɛ sɛt‿œʀ sɛ̃kɑ̃t sɛ̃k]

Es ist fünf (Minuten) vor acht.

9:50

Il est neuf heures cinquante.

[il‿ɛ nœf‿œʀ sɛ̃kɑ̃t]

Es ist zehn (Minuten) vor zehn.

10:00

Il est dix heures.

[il‿ɛ diz‿œʀ]

Es ist zehn Uhr.

10:10

Il est dix heures dix.

[il‿ɛ diz‿œʀ dis]

Es ist zehn nach zehn.

10:30

Il est dix heures et demi.

[il‿ɛ diz‿œʀ e‿dəmi]

Es ist halb elf.

12:00

Il est midi.

[il‿ɛ midi]

Es ist Mittag.

17:45

Il est dix-sept heures quarante-cinq.

[il‿ɛ dissɛt‿œʀ kaʀɑ̃tsɛ̃k]

Es ist Viertel vor sechs Uhr abends.

20:00

Il est vingt heures.

[il‿ɛ vɛ̃t‿œʀ]

Es ist acht Uhr abends.

Die Wochentage

Les sept jours de la semaine
[le sɛt ʒuʀ də la səmɛn]

dimanche [dimɑ̃ʃ]	lundi [lɛ̃di]	mardi [maʀdi]
Sonntag	Montag	Dienstag

le jour de travail
[le ʒuʀ də tʀavaj]
der Werktag

le weekend
[lə wikɛnd]
das Wochenende

le jour férié
[lə ʒuʀ feʀje]
der Feiertag

le jour de repos
[lə ʒuʀ də ʀəpo]
der Ruhetag

mercredi	jeudi	vendredi	samedi
[mɛʀkʀədi]	[ʒødi]	[vɑ̃dʀədi]	[samdi]
Mittwoch	Donnerstag	Freitag	Samstag

Quel jour sommes-nous ? [kɛl ʒuʀ sɔmnu]	Welchen Tag haben wir heute?
Nous sommes lundi. [nu sɔm lɛ̃di]	Es ist Montag.
On est quelle date d'aujourd'hui ? [ɔ̃n‿ɛ kɛl dat doʒuʀdɥi]	Welches Datum haben wir heute?
On est le 10 janvier. [ɔ̃n‿ɛ lə dis ʒɑ̃vje]	Wir haben heute den 10. Januar.
Est-ce que c'est un jour férié aujourd'hui ? [ɛs‿kə sɛ ɛ̃ ʒuʀ feʀje oʒuʀdɥi]	Ist heute ein Feiertag?

1

Janvier

[ʒɑ̃vje]

Januar

2

Février

[fevʀije]

Februar

5

Mai

[mɛ]

Mai

6

Juin

[ʒɥɛ̃]

Juni

9

Septembre

[sɛptɑ̃bʀ]

September

10

Octobre

[ɔktɔbʀ]

Oktober

Die zwölf Monate des Jahres

Les douze mois de l'année [le duz mwa də lane]

3

Mars

[maʀs]

März

4

Avril

[avʀil]

April

7

Juillet

[ʒɥijɛ]

Juli

8

Août

[ut]

August

11

Novembre

[nɔvɑ̃bʀ]

November

12

Décembre

[desɑ̃bʀ]

Dezember

Das Wetter und die Jahreszeiten

La météo et les saisons [la meteo e le sɛzɔ̃]

le printemps

[lə pʀɛ̃tɑ̃]

der Frühling

l'été

[lete]

der Sommer

l'automne

[lɔtɔn]

der Herbst

l'hiver

[liveʀ]

der Winter

Quel temps fait-il aujourd'hui ?	Wie ist das Wetter heute?
[kɛl tɑ̃ fɛt‿il oʒuʀdɥi]	
Il fait beau aujourd'hui.	Das Wetter ist heute schön.
[il fɛ bo oʒuʀdɥi]	
Il y a du soleil.	Die Sonne scheint.
[il‿ja dy sɔlɛj]	
Il fait mauvais aujourd'hui.	Das Wetter ist heute schlecht.
[il fɛ mɔvɛ oʒuʀdɥi]	
Il fait chaud.	Es ist heiß.
[il fɛ ʃo]	
Il fait très chaud.	Es ist sehr heiß.
[il fɛ tʀɛ ʃo]	
J'ai très chaud.	Mir ist sehr heiß.
[ʒɛ tʀɛ ʃo]	
Il fait très froid.	Es ist sehr kalt.
[il fɛ tʀɛ fʀwa]	
J'ai très froid.	Mir ist sehr kalt.
[ʒɛ tʀɛ fʀwa]	
Il y a beaucoup de vent.	Es ist sehr windig.
[il‿ja boku də vɑ̃]	
Il y a du brouillard.	Es ist neblig.
[il‿ja dy bʀujaʀ]	
Il pleut.	Es regnet.
[il plø]	
Il bruine.	Es nieselt.
[il bʀɥin]	
Il neige.	Es schneit.
[il nɛʒ]	

le front
[lə fʀɔ̃] die Stirn

l'œil
[lœj] das Auge

le nez
[lə ne] die Nase

la bouche
[la buʃ] der Mund

les dents
[le dɑ̃] die Zähne

la langue
[la lɑ̃g] die Zunge

le menton
[lə mɑ̃tɔ̃] das Kinn

les doigts
[le dwa]
die Finger

le pouce
[lə pus]
der Daumen

la main
[la mɛ̃]
die Hand

la taille
[la tɑj]
die Taille

la hanche
[la ɑ̃ʃ]
die Hüfte

Die Körperteile

Les parties du corps [le paʀti dy kɔː]

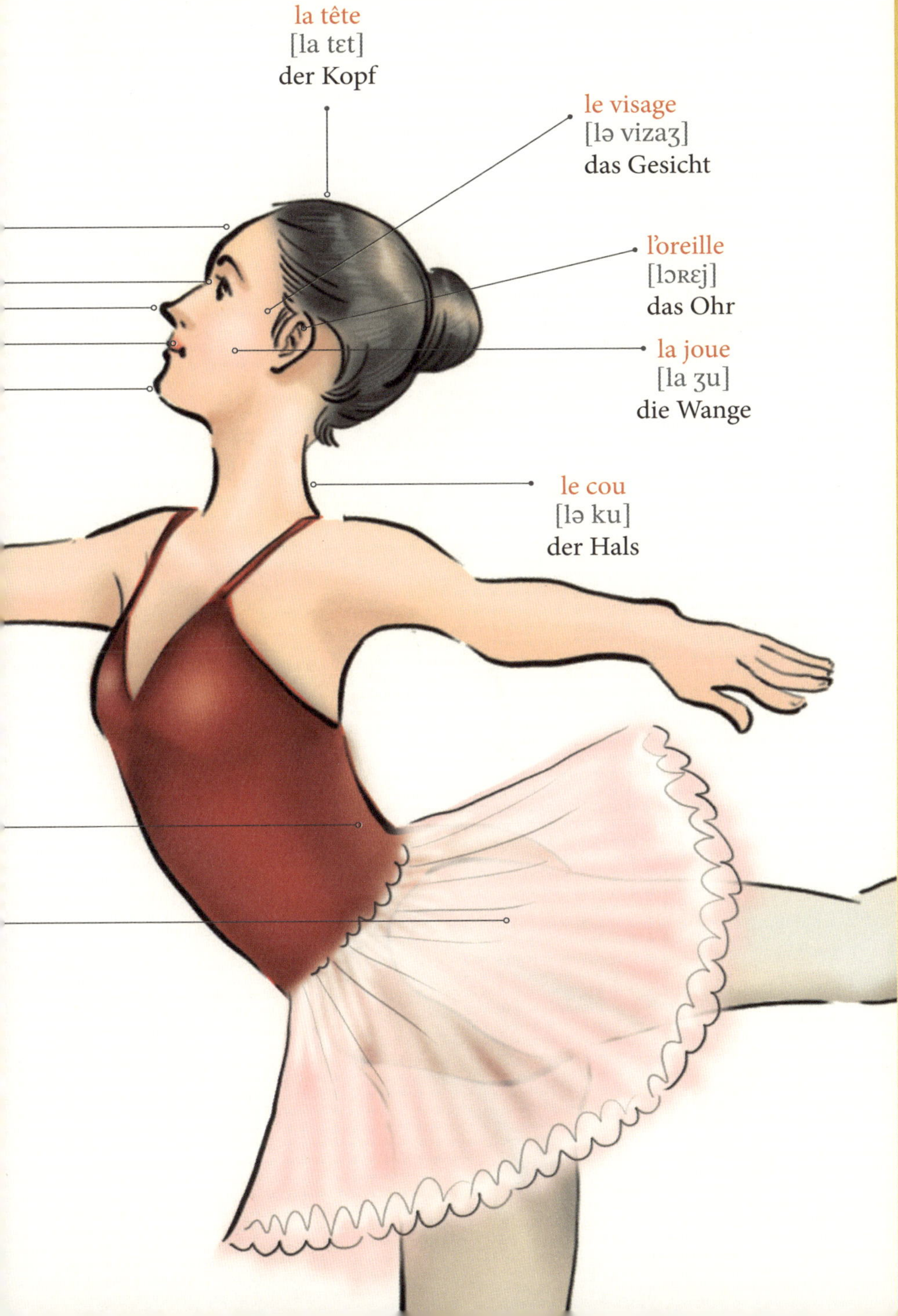
la tête
[la tɛt]
der Kopf
le visage
[lə vizaʒ]
das Gesicht
l'oreille
[lɔʀɛj]
das Ohr
la joue
[la ʒu]
die Wange
le cou
[lə ku]
der Hals

les cheveux
[le ʃəvø]
die Haare
l' épaule
[lepol]
die Schulter
la main
[la mɛ̃]
die Hand
le dos
[lə do]
der Rücken
le corps
[lə kɔʀ]
der Körper

le bras
[lə bʀɑ]
der Arm

le coude
[lə kud]
der Ellbogen

la poitrine
[la pwatʀin]
die Brust

le cœur
[lə kœʀ]
das Herz

le ventre
[lə vɑ̃tʀ]
der Bauch

la jambe
[la ʒɑ̃b]
das Bein

le genou
[lə ʒənu]
das Knie

le pied
[lə pje]
der Fuß

Wenn man sich krank fühlt

Lorsque l'on est malade [lɔʀsk lɔ̃n‿ɛ malad]

Je suis malade. [ʒə sɥi malad]	Ich bin krank.
J'ai envie de vomir [ʒɛ ɑ̃vi də vɔmiʀ]	Ich muss mich übergeben.
J'ai mal au cœur. [ʒɛ mal o kœʀ]	Mir ist übel.
J'ai mal ici. [ʒɛ mal isi]	Hier tut es weh.
J'ai de la fièvre. [ʒɛ də la fjɛvʀ]	Ich habe Fieber.
J'ai mal à la tête. [ʒɛ mal a la tɛt]	Ich habe Kopfschmerzen.
J'ai mal au ventre. [ʒɛ mal o vɑ̃tʀ]	Ich habe Bauchschmerzen.

J'ai mal au cou. [ʒɛ mal o ku]	Ich habe Halsschmerzen.
J'ai mal au dos. [ʒɛ mal o do]	Ich habe Rückenschmerzen.
J'ai mal aux dents. [ʒɛ mal o dɑ̃]	Ich habe Zahnschmerzen.
Je suis constipé(e). [ʒə sɥi kɔ̃stipe]	Ich habe Verstopfung.
J'ai la diarrhée. [ʒɛ la djaʀe]	Ich habe Durchfall.
J'ai une allergie. [ʒɛ yn alɛʀʒi]	Ich habe eine Allergie.
J'ai des démangeaisons. [ʒɛ de demɑ̃ʒɛzɔ̃]	Ich habe Juckreiz.

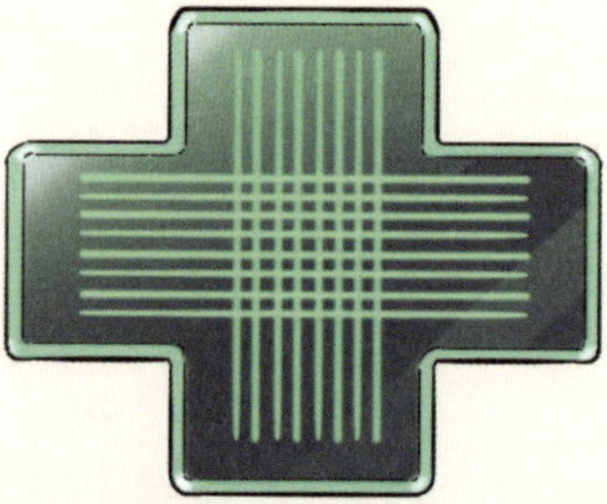

La pharmacie

[la faʀmasi] die Apotheke

l'hôpital

[lɔpital] das Krankenhaus

le médicament

[lə medikamɑ̃] die Medizin

le médecin

[lə medsɛ̃] der Arzt

le dentiste

[lə dɑ̃tist] der Zahnarzt

l'ophtalmologiste

[lɔftalmɔlɔʒist] derAugenarzt

le médecin généraliste

[lə medsɛ̃ ʒeneʀalist] der Allgemeinmediziner

le médecin d'urgences

[lə medsɛ̃ dyʀʒɑ̃s] der Notarzt

l'ambulance

[lɑ̃bylɑ̃s] der Krankenwagen

À tes souhaits !

[a te swɛ]

Gesundheit!

Notfälle

Urgences [yʀʒɑ̃s]

Où sont les toilettes ?

[u sɔ̃ le twalɛt]

Wo sind die Toiletten?

J'ai besoin d'aller aux toilettes d'urgence.

[ʒɛ bəzwɛ̃ dale o twalɛt dyʀʒɑ̃s]

Ich benötige dringend eine Toilette.

Est-ce qu'il y a des toilettes publiques ici ?

[ɛs‿kil‿ja de twalɛt pyblik isi]

Gibt es hier eine öffentliche Toilette?

Il faut que j'aille chez le médecin.

[il fo kə ʒaj ʃe lə medəsɛ̃]

Ich muss sofort zum Arzt.

Appelez la police, s'il vous plaît !

[apɛl la pɔlis sil vu plɛ]

Rufen Sie bitte die Polizei!

Attention !

[atɑ̃sjɔ̃]

Vorsicht!

Au secours !

[o səkuʀ]

Hilfe!

Au feu !

[o fø]

Feuer!

Urgence !

[yʀʒɑ̃s]

Notfall!

Was sagen uns die Schilder?

Que nous disent les panneaux ? [kə nu diz le pano]

ATTENTION

[atɑ̃sjɔ̃]

ACHTUNG

SENS INTERDIT

[sɑ̃s‿ɛ̃tɛʀdi]

KEIN DURCHGANG

ACCÈS INTERDIT

[aksɛ ɛ̃tɛʀdi]

GESPERRT

DANGER DE MORT

[dɑ̃ʒe dmɔʀ]

LEBENSGEFAHR

DÉTOUR

[detuʀ]

UMLEITUNG

PARKING

[paʀkiŋ]

PARKPLATZ

SENS UNIQUE

[sɑ̃s‿ynik]

EINBAHNSTRAẞE

STATIONNEMENT INTERDIT

[stasjɔnmɑ̃ ɛ̃tɛʀdi]

PARKEN VERBOTEN

PRIÈRE DE NE PAS STATIONNER,
SORTIE DE VÉHICULES.

[pʀijɛʀ də npa stasjɔne
sɔʀti də veikyl]

EINFAHRT TAG UND
NACHT FREIHALTEN

ACCÈS INTERDIT AUX
PERSONNES NON AUTORISÉES

[aksɛ ɛ̃tɛʀdi o pɛʀsɔn nɔ̃ ɔtɔʀize]

UNBEFUGTEN IST
DER ZUTRITT VERBOTEN

ATTENTION ÉCOLE

[atɑ̃sjɔ̃ ekɔl]

ACHTUNG SCHULE

ATTENTION! CHIEN MÉCHANT

[atɑ̃sjɔ̃ ʃjɛ̃ meʃɑ̃]

VORSICHT! BISSIGER HUND

RÉSERVÉ AUX RÉSIDENTS

[ʀezɛʀve o ʀezidɑ̃]

ANLIEGER FREI

PREMIERS SECOURS

[pʀəmje səkuʀ]

ERSTE HILFE

MÉDECIN D'URGENCES

[medəsɛ̃ dyʀʒɑ̃s]

NOTARZT

LA POSTE

[la pɔst]

POST

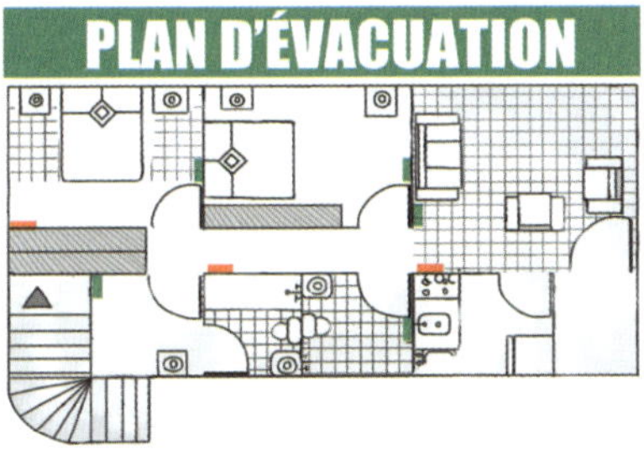

PLAN D'ÉVACUATION

[plɑ̃ devakɥasjɔ̃]

FLUCHTPLAN

SORTIE DE SECOURS

[sɔʀti də səkuʀ]

FLUCHTWEG

SORTIE D'URGENCE

[sɔʀti dyʀʒɑ̃s]

NOTAUSGANG

PERSONNEL AUTORISÉ SEULEMENT

[pɛʀsɔnɛl ɔtɔʀize sœlmɑ̃]

ZUTRITT NUR FÜR PERSONAL

PASSAGE POUR PIÉTONS

[pasaʒ puʀ pjetɔnje]

FUßGÄNGERÜBERWEG

POUSSEZ

[puse]

DRÜCKEN

TIREZ

[tiʀe]

ZIEHEN

NE PAS DÉRANGER

[npa deʀɑ̃ʒe]

BITTE NICHT STÖREN

DÉFENSE DE FUMER

[defɑ̃s də fyme]

RAUCHEN VERBOTEN

TOILETTES DAMES

[twalɛt dam]

DAMENTOILETTE

TOILETTES HOMMES

[twalɛt ɔm]

HERRENTOILETTE

OUVERT

[uvɛʀ]

GEÖFFNET

FERMÉ

[fɛʀme]

GESCHLOSSEN

LIBRE-SERVICE

[libʀ sɛʀvis]

SELBSTBEDIENUNG

RÉSERVÉ

[ʀezɛʀve]

RESERVIERT

NOURRITURE INTERDITE

[nuʀityʀ ɛ̃tɛʀdi]

ESSEN UND TRINKEN VERBOTEN

Gefühlsausbrüche

Jetzt kommen wir zu einem ganz besonderen Kapitel–dem Kapitel über die Gefühlsausbrüche. Was hat dieses seltsame, außergewöhnliche Thema mit einem Buch, das sich mit dem Erstkontakt einer fremden Sprache beschäftigt, zu tun?

Mit diesem Thema begebe ich mich mit dir zusammen auf eine heikle Gratwanderung. Ich bin mir ziemlich sicher, dass du in keinem anderen Sprachbuch etwas darüber finden wirst. Das kann ich gut verstehen, denn es ist eben ein heikles Thema.

Aber ich finde es so wertvoll, so unentbehrlich für dich. Ich finde, du solltest mit Gefühlsausbrüchen Kontakt haben, weil sie dich in Frankreich vor ungewollten Blamagen schützen.

Gefühlsausbrüche gibt es nicht nur bei den Franzosen, sondern in jedem anderen Land der Welt. Jedes Kind wird von klein auf damit vertraut gemacht und verinnerlicht diese Form der Kommunikation. Aber... aber... es ist nicht leicht, damit umzugehen.

Erst einmal erkläre ich dir, was ich mit dem Thema überhaupt verdeutlichen will, was ich mit dem Begriff „Gefühlsausbrüche“ meine:

Gefühlsausbrüche sind Wörter, die automatisch aus dem Mund herauspurzeln. Das passiert oft ohne, dass man darüber nachdenkt. Schwupps, da sind sie und rückgängig machen kann man sie nicht.

Gefühlsausbrüche haben die Aufgabe, eine aufgebrachte Seele wieder zur Ruhe zu bringen, wenn sie zuvor durch Zorn, Enttäuschung, Erschrecken, Verwunderung, Entzückung oder Ähnliches in Wallung geraten ist. Man könnte sie auch als seelische Turbulenzenberuhiger bezeichnen.

Gefühlsausbrüche gibt es in unterschiedlichen Graden und Stärken. Diese Grade sind stark abhängig von der jeweiligen Bedeutung, Betonung oder Situation, in denen sie ausgesprochen werden. Leichte Gefühlsausbrüche kann man im Selbstgespräch einfach vor sich hinmurmeln, zur leichten Abkühlung der Seele. Starke Gefühlsausbrüche sind oft schlimme, tief verletzende Beschimpfungen für andere Mitmenschen. Letztere nennt man auf Französisch: **„Jurons"**.

Jetzt kannst du vielleicht ahnen, weshalb das Thema so schwierig, ja fast schon vulgär sein kann. Hörst du als Ausländer den Franzosen beim Sprechen zu, werden deine Ohren sehr, sehr oft auf Schimpfwörter stoßen. Vermutlich fällt den Franzosen selber der häufige Gebrauch beim Sprechen gar nicht auf.

Aber Schimpfwörter sind nicht spezifisch für das Französische. Schimpfwörter gibt es in jeder Sprache und in jeder Sprache werden sie ähnlich unbewusst und häufig im Alltag eingesetzt. Die Franzosen sind vielleicht nicht erfreut darüber, dass ich mich dem Thema der Gefühlsausbrüche widme.

Ich habe keine böse Absicht dabei. Ich mache es nicht, um die französische Sprache zu beschmutzen, sondern um dich vor Fettnäpfchen im Umgang mit der Fremdsprache zu bewahren.

Hörst du diese Wörter in Frankreich und kopierst sie selber beim Sprechen, ist es sehr wahrscheinlich, dass du nicht den exakten Grad der Betonung findest, sie nicht in genau dem richtigen Augenblick einsetzt oder der Einsatz nicht der entsprechenden Beziehung zu deinem Gegenüber passt.

Also: Verschließe nicht deine Ohren, wenn du sie vernimmst, aber plappere sie auch nicht einfach nach. Kenne sie als Fremder gut, aber nutze sie ganz behutsam und nur dann, wenn du dir in der Anwendung hundert Prozent sicher bist!

Ein behutsamer Umgang mit Gefühlsausbrüchen wird dich vor einigen Peinlichkeiten bewahren. Dies ist einer der Gründe, der dieses Sprachbuch besonders macht.

Fangen wir also an:

Das erste Wort, mit dem wir uns beschäftigen heißt: „Merde !".

Übersetzt beschreibt dieses Wort das Endprodukt des Verdauungsprozesses. Es gibt auch im Deutschen eine Entsprechung zu dem Wort, die ich aber aus Höflichkeit nicht exakt übersetze.

Jeder kennt die Verwendung des Wortes und in jedem Land gibt es Entsprechungen dafür, deswegen spare ich mir weitere Ausführungen. Es ist gesagt und gut damit!

Das nächste französische Gefühlsentladungswort lautet: „Putain !".

Wörtlich übersetzt ist damit eine Dame gemeint, die dem horizontalen Gewerbe nachgeht. Aber diese Dame meint der Franzose in den seltensten Fällen, wenn er dieses Wort als Gefühlsausbruch benutzt. Vermutlich denkt er dabei noch nicht einmal an solch eine Dame. Der Franzose nutzt diesen Ausruf zum Beispiel dann, wenn etwas in seiner gegenwärtigen Situation seiner Meinung nach schiefläuft oder er sich über jemanden ärgert.

Kommen wir jetzt zu dem französischen Wort: „Patate !"

Die direkte Übersetzung lautet: „Kartoffel". Und tatsächlich wird „patate" auch zur Beschreibung dieses Grundnahrungsmittels verwendet. So ist der Gebrauch des Wortes keineswegs unhöflich.

Im Spaß unter Freunden wird „patate" aber auch verwendet um auszudrücken, dass die andere Person eine wenig qualifizierte Bemerkung gemacht hat. Man spielt in diesem Fall auf den Intellekt einer Kartoffel an.

„Ta gueule !" lautet mein nächstes Wort, was exakt übersetzt: „dein Maul" bedeutet. In diesem Fall möchte man klar und deutlich damit ausdrücken: „Mir wäre es jetzt wohler, wenn du deinen Mund halten würdest".

Eine alternative Ausdrucksweise wäre „La ferme !" was soviel heißt wie „Klappe" oder „Schnabel". Dieser Ausdruck ist in seiner Bedeutung abgeschwächter und nicht so scharf wie „Ta gueule !".

Ab jetzt wird es noch heikler mit den weiteren Ausführungen:
Würden Franzosen die im Folgenden beschriebenen Wörter lesen, wären sie entsetzt darüber, dass ich ihre Sprache durch deren Ausführung verunglimpfe. Aber, wie schon gesagt, ist das nicht meine Absicht.

Damit sich kein Franzose verletzt fühlt, wenn er das Buch in die Hand nimmt und auf diese Wörter stößt, werde ich bei den kommenden Ausführungen eine gewisse Kodierung einsetzen. Ich werde die Wörter nicht ausschreiben, sondern mit dem offiziellen Buchstabieralphabet ausdrücken.

Das erste Wort heißt: Samuel, Anton, Ludwig, Otto, Paula, Emil. Dieses Wort ist eine Beschimpfung für Frauen, denen man nachsagt, dass sie dazu neigen, gerne in den Betten unterschiedlicher Männer zu nächtigen. Manchmal ist es wortwörtlich gemeint, manchmal im übertragenen Sinne. Auf jeden Falles ist es eine unhöfliche Art, seinen Unmut über eine solche Dame zu äußern und sie durch diese Beschimpfung zu verletzen.

Auch für den Herrn gibt es eine Entsprechung zu diesem Wort: Samuel, Anton, Ludwig, Otto, Paula, Anton, Richard, Dora.

Der Beschimpfte steht ebenfalls in keinem guten Licht. Es meint, dass derjenige unerhrlich zu seiner Frau ist und ihr fremdgeht oder dass man ihm in jeder Hinsicht nicht vertrauen kann.

Manchmal, wenn das Wort eine besondere Heftigkeit ausdrücken will, ist damit der Vergleich gemeint, dass ein Mann dem Schließmuskel am Endes des Verdauungstraktes gleicht.

Jetzt folgt eine Zusammensetzung von zwei Wörtern. Deren Kombination drückt, als Schimpfwort eingesetzt, den Sohn einer Dame aus, die im liegenden Dienstgewerbe arbeitet. Sicherlich kennt der Sprechende weder diesen Sohn noch dessen Mutter. Gemeint ist damit viel mehr eine äußerst extreme Ausdrucksmöglichkeit zur Entwertung des Gegenübers.

Die Wörter in kodierter Sprache:
Friedrich, Ida, Ludwig, Samuel,
Dora, Emil,
Paula, Ulrich, Theodor, Emil.

Jetzt wird das Thema noch empfindlicher, denn jetzt wenden wir uns in aller Seriosität richtig harten französischen Schimpfwörtern zu. Will man einen Menschen besonders heftig treffen, beschimpft man ihn gerne mit Ausdrücken, die einen Vergleich zu den menschlichen Genitalien ziehen. Eigentlich sehr seltsam, da die menschlichen Geschlechter außerhalb des Schimpfwortvokabulars sehr viel Zuwendung und Anziehungskraft erfahren. Aber so ist es nun einmal und meine Aufgabe sehe ich nicht darin, dies zu bewerten, sondern ganz neutral zu beschreiben.

Diese Kategorie von Wörtern entgleitet dem Mund des Franzosen sehr häufig im Alltag. Und ganz sicher ist damit nicht das Gesagte wortwörtlich gemeint. Und sind wir ehrlich zu uns selber, finden wir zu allen genannten Wörtern Entsprechungen in unserer eigenen Sprache.

Das erste Wort aus dieser harten Kategorie der Gefühlsausbrüche lautet: Cäsar, Otto, Nordpol.

Dies ist der geringschätzende Gassenausdruck für das weibliche Geschlecht. Weshalb auch immer dieses sonst so begehrte Körperteil in die Kategorie der Schimpfwörter geraten konnte, als Gefühlsausbruchwort ist damit nicht das eigentliche weibliche Organ gemeint, sondern je nach Empfindungsstärke:

1. In leichterer Form meinen wir einen Menschen, von dem wir der Überzeugung sind, dass er unintelligent ist.

2. Als härterer Ausdruck ist es wiederum jemand, den wir mit dem Ausgang des Verdauungstraktes vergleichen.

Das zweite Wort aus dieser harten Kategorie ist Cäsar, Otto, Nordpol, Nordpol, Emil.

Mir ist es nicht leichtgefallen dir dieses sensible und heikle Thema darzulegen. Aber mir ist es ein Anliegen dir größtmögliche Sicherheit beim ersten Kontakt mit der französischen Sprache zu schenken.

Dazu gehören nun einmal auch die Ausführungen über die Gefühlsausbruchwörter. Man könnte das Thema sicherlich noch weiter ausbreiten. Aber es reicht, wenn du eine klare Vorstellung davon hast, um einen möglichen Schritt in ein Fettnäpfchen zu vermeiden.

Bedenke immer, dass die Gefühlsausbruchwörter unterschiedliche Stärken haben und Vielfältiges ausdrücken können. Du findest sie gleichermaßen in unterschiedlichen Gesellschaftsschichten.

Kommst du mit diesen Ausdrücken in Kontakt, versuche feinfühlig zu erspüren, ob der Sprecher ärgerlich, unzufrieden, wütend oder ob er fröhlich und verschmitzt wirkt. Und dann vermeide das eigene Aussprechen dieser dir jetzt bekannten Wörter tunlichst.

Es könnte nicht nur hochpeinlich für dich werden oder gar deine Gesundheit gefährden, sondern du könntest einem Mitmenschen bei nicht ganz sachgerechter Anwendung sehr, sehr weh tun.

Bravo !

[bʀavo] Bravo!

Génial !

[ʒenjal] Genial!

Super !

[sypɛʀ] Super!

Parfait !

[paʀfɛ] Perfekt!

Komplimente

Les compliments [le kɔ̃plimɑ̃]

C'est magnifique !

[sɛ maɲifik]

Das ist herrlich!

C'est merveilleux !

[sɛ mɛʀvɛjø]

Das ist wunderbar!

Romantisches

Un peu de romantisme [ɛ̃ pø də ʀɔmɑ̃tism]

Tu es tellement belle/beau.

[ty ɛ tɛlmɑ̃ bɛl bo]

Du bist sehr hübsch.

Tu as des beaux yeux.

[ty a de boz‿jø]

Du hast schöne Augen.

Tu es unique.

[ty ɛ ynik]

Du bist einmalig.

Je t'aime bien.

[ʒə tɛɪm bjɛ̃]

Ich mag dich gerne.

Je t'aime beaucoup.

[ʒə tɛɪm boku]

Ich liebe dich sehr.

Tu es incroyablement belle.

[ty ɛ ɛ̃kʀwajabləmɑ̃ bɛl]

Du bist unglaublich schön.

Tu es extraordinaire.

[ty ɛ ɛkstʀaɔʀdinɛʀ]

Du bist außergewöhnlich.

Je t'aime.

[ʒə teɪm]

Ich liebe dich.

Veux-tu m'épouser ?

[vø-ty mepuze]

Willst du mich heiraten?

Tu es ravissante.

[ty ɛ ʀavisɑ̃t]

Du bist bezaubernd.

Land und Leute

Le pays et les gens [lə pei e le ʒɑ̃]

Wenn du etwas über die Gestalt und Form des Landes Frankreich erfahren möchtest, ist der einfachste Weg, dir die Landkarte anzusehen.
Willst du mehr von den Leuten erfahren, willst du wissen, wie sie denken, fühlen, wie sie ihr Leben angehen, sie miteinander umgehen, dann ist der direkteste Weg, einige Sprichwörter des Landes kennenzulernen. Sie verraten, wie die Menschen des Landes „ticken".

Sprichwörter sagen so viel über Menschen aus. Sie sind meist über Jahrhunderte als Resultat von Erfahrungen, von Denk- und Lebensweisen der Menschen vor Ort entstanden. Über die Sprache wurden sie von Alt zu Jung weitervermittelt und mit ihnen auch das Gefühl und die Stimmung, die sie tragen. Hier sind ein paar wertvolle französische Sprichwörter:

Chaque chose en son temps.
[ʃak ʃoz‿ɑ̃ sɔ̃ tɑ̃] Alles zu seiner Zeit.

Chacun est l'artisan de sa fortune.
[ʃakœ̃ ɛ laʀtizɑ̃ də sa fɔʀtyn] Jeder ist seines Glückes Schmied.

Mauvaise herbe pousse toujours.
[mɔvɛ ɛʀb pus tuʒuʀ] Unkraut vergeht nicht.

Après la pluie vient le beau temps.
[apʀɛ la plɥi vjɛ̃ lə bo tɑ̃] Nach Regen kommt Sonnenschein.

Tout est bien qui finit bien.
[tu ɛ bjɛ̃ ki finit bjɛ̃] Ende gut, alles gut.

Jetzt bist du bestens gewappnet für deinen ersten Kontakt mit der französischen Sprache. Es bleibt mir nur noch, dir viel Freude und wunderbare Erfahrungen dabei zu wünschen.

Genieße die französische Sprache wie eine Köstlichkeit, die du dir auf der Zunge zergehen lässt. Dann wird das, was dir vielleicht am Anfang Angst gemacht hat, sich in pure Freude verwandeln.

PONS FRANZÖSISCH
im Handumdrehen

von
Tien Tammada

Originaltitel: ฝรั่งเศสทันใจพูดได้ด้วยปลายนิ้ว เฑียร ธรรมดา

63/120 Moo 8, Tambon Saothonghin, Bangyai District,
Nonthaburi 11140 Thailand
E-Mail: leelaaphasa2008@gmail.com

Warenzeichen, Marken und gewerbliche Schutzrechte
Wörter, die unseres Wissens eingetragene Warenzeichen oder Marken oder sonstige gewerbliche Schutzrechte darstellen, sind als solche – soweit bekannt – gekennzeichnet. Die jeweiligen Berechtigten sind und bleiben Eigentümer dieser Rechte. Es ist jedoch zu beachten, dass weder das Vorhandensein noch das Fehlen derartiger Kennzeichnungen die Rechtslage hinsichtlich dieser gewerblichen Schutzrechte berührt.

1. Auflage 2019 (1,07 - 2022)

www.pons.de
E-Mail: kundenservice@pons.de

Übersetzung: Ta Tammadien
Co-Übersetzung & deutsche Überarbeitung: Hubert Möller
Korrektur: Daniel Monnin, Kidan Patanant, Dr. Nathalie Karanfilovic
Illustrationen Cover: K. Kiattisak
Illustrationen Innenteil: K. Kiattisak, Netitorn Terdbankird
Bildnachweis Cover: Natalya Levish/Shutterstock
Satz/Layout: Wachana Leuwattananon, Vipoo Lerttasanawanish
Logoentwurf: Erwin Poell, Heidelberg
Logoüberarbeitung: Sabine Redlin, Ludwigsburg
Druck und Bindung: Publikum d.o.o.

ISBN 978-3-12-516217-4